Discours Merveilleux De La Vie, Actions & Deportemens De Catherine De Medicis, Royne Mere; Auquel Sont Recitez Les Moyens Qu'elle A Tenu Pour Vsurper Le Gouuernement Du Royaume De France, & Ruiner L'estat D'iceluy

Estienne, Henri, 1531-1598, Bèze, Théodore de, 1519-1605, Serres, Jean de, 1540?-1598

titre audacieusemēt vsurpé, nous veut regêter,
& cōtinue à nous fouëtter & bourreller cruelle-
mēt sans presque qu'aucun de nous face semblāt
de le sentir, cōme si par ses bruuages ensorcelez
elle nous auoit transmuez en bestes brutes, ou
plustost priuez de tout sentiment. Ie suis contraint de laisser tous ces scrupules, & me suis
obligé à mettre la main à cest ouurage, biē qu'à
contrecœur, pour mōstrer à vn chacū, qu'elle est
celle qui nous tiēt sous sa patte & par ses faicts
passez ce que nous en denōs esperer à l'aduenir
si nous ne regardons les moyēs de nous en deliurer. Ie ne pretēs point, Dieu m'ē est tesmoin, di
re simplemēt mal d'elle: ie tasche d'ēpescher que
elle ne nous face mal. Ie ne la veux point iniu-
rier. Ie veux aduertir vn chacun de son iniusti
ce, & des torts & iniures qu'elle faict à ce royaume. Ie ne fay point cecy par vengeance: pource
vengeance seroit cecy de tant de maux qu'elle
nous a faicts: Ie desire seulement preuenir la fi-
nale vengeance, que de long temps elle prepare
cōtre tous les gens de bien de ce royaume, qu'elle n'accuse en son cœur, que d'innocence, ne hait
que pour leur vertu, ne poursuit que pour l'a-
mour qu'ils ont au public. Ie commenceray donc
par le pays du lieu de sa naissance suyuant
le dire du Poëte, que le naturel est caché au
terroir.

Cathe-

Catherine de Medicis, en premier
lieu est Florētine. Entre les natiōs,
l'Italie emporte le prix de finesse &
subtilité: en Italie la Toscane, en Toscane la ville de Florence, les prouerbes en
sont tous cōmuns. Or quand ceste scien-
ce de trōper tombe en personne qui n'a
point de conscience, comme il se voit le
plus souuēt és gens de ce pais-là, ie laisse
à penser combiē de maux on en doit attendre. En apres elle est de la maison de
Medicis. Ceste maison ayant esté lōgue
espace de temps cachée à Florence sous
la lie du peuple en petite estime, ou,
pour sa vilité, persōne ne la cognoissoit,
commença à s'esclaircir au monde par
vn charbonier qui acquit quelque peu
de bien. Cestuy-ci eut vn fils qui fut medecin, & commença à prendre surnom
& armes de son art. Et comme nous voyons auiourdhuy les gens de mestier, met
tre leur outil principal en leurs marques,
les massons vn marteau ou vne truelle,
les tailleurs, des oiseaux, & ainsi des autres: pareillement cestuy-ci print pour
ses armes cinq pilules en nombre im-
pair, comme les medecins ont accoustumé de les ordonner, ce qui a esté si

Origine de Catherine de Medicis.

a.iij.

bien obſerué durant quelque temps,
qu'encor qu'aucuns changeaſſent le nô-
bre pour la diſtinction des familles, ſi re-
tenoyêt-elles touſiours l'imparité, meſmes à fin de monſtrer à la poſterité, que
par ſon art il eſtoit paruenu à quelque
nom, prit le ſurnom de Medicis, en nom
bre pluriel, à la façon d'Italie, qui a eſté
retenu iuſques auiourdhuy. De faict li-
ſez tous les hiſtoriens de Florence, vous
ne trouuerez point de mention de ceſte
maiſon que tout ſur la fin: encor que lors
qu'ils parlent des factions de la ville, &
qu'ils nomment toutes les familles, ou
nobles ou notables entre les populai-
res, qui eſtoyent contraintes de ſuyure
l'vne ou l'autre, il ſe preſentaſt aſſez
d'occaſion d'en parler. Boccace au de-
nombrement qu'il faict des notables familles n'en parle point: comme de faict
le premier degré qu'elle eut, fut par vn
Sylueſtre qui ſe rendit chef du menu
peuple, contre les Patrices ou nobles,
puis elle s'enrichit par banques & vſu-
res, par richeſſes corrompit le peuple,
par corruption ſe rendit maiſtreſſe de la
ville, & en ceſte maiſtriſe ne taſcha à rié
plus qu'à defraciner les plus anciénes &
plus

plus illuſtres races, comme il n'y a Florē-
tin qui ne ſcache, ny hiſtorien qui ne teſ-
moigne: tant qu'à la fin par obliques &
illegitimes moyens elle paruint à la tyrannie, en laquelle elle ſe ſceut ſi bié ac-
croiſtre en peu de temps, que le Duc de
Florence dernier mort, qui pour entrer à
l'adminiſtration de la ville de Floréce, ſe
contétoit au commencement de douze
mil ducats par an pour ſó entretenemét,
en tiroit quád il eſt mort, annuellement
iuſques à douze cens mil par ſes ſubtiles
inuétions fauoriſées de ciradelles & garniſons d'eſtrágers pour tenir ſes propres
citoyés en bride. Elle eſt donc venue de
tresbas lieu, & pourtát ſi ſeló le puerbe,
iamais maſtin n'ayma leurier, la nobleſſe
Fráçoiſe ne doit iamais attédre de Cathe
rine de Medicis q̃ ſó auiliſſemét & anéā-
tiſſemét total, ſi tát eſt qu'ó la laiſſe touſiours gouuerner à ſa poſte. Les Florétins
pour la pluſpart, cóme dict ceux qui tou
te leur vie les ont pratiquez, ſe ſoucient
peu de leur conſciéce, veulét ſembler re
ligieux & nó pas l'eſtre, n'aymét perſóne
qu'eux-meſmes, ennuyent tous ceux &
hayent mortellement qui ont quelque
choſe plus qu'eux, en vertu, nobleſſe, ou
a.iiij.

autre bonne qualité, & sur tout ceux
ausquels ils sont aucunement obligez,
quoy que par ceremonies, ils se mon-
strent affables à vn chacun. Les Medicis
ont en eux vne quinte essence de toutes
ces bonnes parties remarquée par tous
les historiens de nostre temps, quelque
craintifuement ou fauorablement qu'ils
en ayent escrit: mais sont outre tout cela
taxez particulierement, d'vne prodiga-
lité sans mesure du bien d'autruy enuers
personnes indignes & de neant, de pail-
lardises brutales, & principalement d'v-
ne tres profonde dissimulation, propre
à executer toutes sortes de trahisons. Ie
ne veux point recercher l'obscure memoire de ceux de ceste lignée: ie me
contenteray de parler de la plus illustre,
dont la memoire est toute fraische. Cos-
me & Laurens de Medicis ont esté louez
pour leur liberalité enuers le peuple, qui
ne tédoit qu'à tyranniser la patrie, & n'e-
stoit à vray dire, qu'vn hameço qu'ils iet-
toyét pour prédre le poisson & le máger
apres. Cela ne se peut appeller vertu: car
les actiós vertueuses n'ót autre intétió q
la vertu, & perdét ce nom incótinét que
elles se font pour quelque autre respect.

Le

Le peuple commença petit à petit à s'ap
perceuoir de ceste fausse mónoye, mais
trop tard à y dóner ordre: & l'effect à mó-
stré à quelle fin tendoit cest vmbre de
vertu. Mais qui veut voir clairement,
pourquoy ceux de ceste race veulét sembler gens de bié quelque espace de téps,
le pourra voir és actions de Leon dixieme, & de Clement septieme, tous deux
Papes, oncles de nostre Royne mere, qui
ont esté l'honneur principal de ceste race, & que i'estime deuoir estre plustost
choisis qu'aucuns autres, puis qu'ils ont
esté esleuez à si haute dignité & cleuatió,
en lieu ou chacun les pouuoit plus aisé-
mént contempler qu'entre la foule d'vn
peuple, ou les partialitez d'vne ville. Or
voicy quels ils estoyent, si vous croyez
Guicciardin Florétin, qui estoit des principaux de leur faction: & à Paule Ioue
Euesque de Come, leur affectióné serui-
teur, lesquels pour l'hóneur, cóme il est à
croire, du siege Apostolique, & l'amour
qu'ils leur portoyent, les auront espar-
gnez en leurs histoires autant qu'il leur
a esté possible. Leon dixieme, duquel on
attribue le naturel & pourtrait du visage à la Royne mere, auant qu'il fust cree

Paule
Ioue sin.
16.

Naturel
de Leó
Papet
tout. Iu.
16.

pe, fuyuāt leur aphorifme, qu'il faut fembler hōme de bien, & non l'eftre: faifoit tant le religieux & le fainct hōme, qu'vn chacun s'eftimoit heureux par fon election, tant pour la paix publique, que pour le repos particulier qu'vn chacū efperoit de luy, apres les guerres, tumultes, & degafts de Iules 2. fō predeceffeur. Si toft qu'il s'eft affis en la chaire Papale, fi toft qu'il s'eft recognu au plus haut degré qu'il peuft efperer, chacun recōmence a le mefcognoiftre & a appercevoir la tromperie. Il feme des diuifions entre les Princes de la Chreftienté & feinct amitiez fecretes auec l'Empereur Charles, & auec le Roy François fecond ennemis ouuerts & declairez, & leur promet couuertement faueur & ayde à tous deux tout en vn mefme temps, pour les encourager à s'étrebattre. Il fait publier des iubilés & celebrer en proceffions: & kependant fe plonge en voluptez & delices de toutes fortes iufques au col. Il fait prefcher par toutes natiōs des croifades contre les Turcs: & n'eft que pour enrichir des maquereaux, des bouffons, des flatteurs de toutes profeffions: promet des indulgences, à qni contribuera

Voyez Vuicciardin & Ione pendāt tout fon Papal.

& l'at-

& l'argent des contributions s'en va en fes defpences exceffiues, en fes dons immenfes, aux plaifirs de fa fœur Mágdeleine, qui ont tous les deniers des indulgences d'Alemaigne : dont Luther (dit Guicciardin) prit occafion de crier contre le purgatoire, & entrer en lice contre les Papes: & nous fçauons ce qui en eft aduenu depuis en la Chreftienté. Il femble liberal à merueilles : mais c'eft du threfor amaffé par Pape Iules, quelques guerres qu'il euft entretenues, c'eft des biés & hōneurs de l'Eglife, qu'il depart feulemét a fes parens, amis & feruiteurs Tofcans & Florétins, c'eft du patrimoine de fainct Pierre qu'il ruine de da ces qu'il angmête iournellement, & leur afferme. C'eft des deniers qu'il exige au double des expeditions beneficiales de toute la Chreftiéré, employez à enrichir vn petit nombre de perfonnes aufquelles il s'aduoue. Cependant il donne occafion de murmure & diuifiō en l'Eglife, qui encores s'é refent & refentira, il appourit le Clergé pour vn lōg téps, il engage l'eftat Ecclefiaftique en Italie, de telle forte, q̃ fon fucceffeur n'y troue que prendre, dont le prouerbe demeura, que

Guicciard liu. p.

Guicciard liu. q̃ſ au le loue no. q̃ fut le cōmen cement.

son pōtificat duroit encor apres sa mort:
bref en dreſſant quelque beau Coloſſe,
ou enrichiſſant quelque portail il ruine

toute la maiſon. Venons à Clement ſe-
ptieme, oncle auſſi de noſtre Catherine.
Ceſtuy-cy fut fait Cardinal cōtre les de
crets de l'Egliſe qui en excluent les ba-
ſtars: & puis Pape, en achetant par argēt

& par promeſſes les voix du conclaue,
ioint qu'il auoit aſſez biē ioué ſon perſon
nage iuſques à ce poinct. Or voicy cōme
ſes ſeruiteurs meſmes vaincus par la force de la verité, le nous depeignēt. Il parloit à tous propos de faire d'vn commun
accord la guerre aux Turcs, & ſemoit
ou nourriſſoit touſiours des guerres entre les Chreſtiens, s'accoſtans ores d'vn
Prince, ores de l'autre, & ores de tous
deux enſemble pour les entretenir. Il
parloit de pourſuyure les Heretiques,
& luy-meſme eſtoit ſi bon Catholique,
qu'il fit diſputer à Rome à quelques Phi
loſophes raſſemblez des enuirons, ſi l'a-
me eſtoit immortelle ou non: & n'eut
point de hōte de prononcer, que iamais
n'auoit peu croire qu'elle fuſt immortelle. Il parloit de faire des confedera-
tions auec l'Empereur, auec le Roy de
Fran-

France & autres Princes, & eſtimoit ſot-
tiſe de tenir ſa foy, ſi ōn n'y auoit du pro
fit, dont il acquit, diſent ils le loyer des

pariures, que de ce qu'il promettoit en
intention de le tenir, perſonne ne le pou
uoit plus croire. Cecy apparut en toutes
les negociatiōs qu'il traita auec les Princes de Chreſtiété, & és vengeances qu'il

exerça à Florence apres l'auoir repriſe, y
faiſant mourir les plus notables coūtre
les mots expres de la capitulation. Et
quand ils vienēt à deſcrire ſon naturel.
il ſe plaiſoit fort, diſent ils, à diſſimula-
tion, il n'y auoit perſonne, que ceux qui
eſtoyēt appriuoiſez auec luy pour quelque cauſe des plus ſecretes (ces mots s'ē-

tendēt aſſez ſans appeller les choſes par
leur nom) & ceux-cy, il les auançoit ſans
honte, reſpect ny eſgard aucun, iuſques
aux plus granſ honneurs, & les enrichiſ-
ſoit ſans meſure: mais les gens de biē,
de merite, & d'hōneur (marquez le vray
naturel de ſa niece) il entretenoit en apparēce par belles paroles, mais en effet,
il les hayſſoit en ſon cœur, & tous ceux
principalemēt auſquels il eſtoit tenu &
obligé, comme vn mauuais payeur ſes
creanciers: iuſques la, que Ioue dit, qu'il

eut plus de ioye de ce que le Prince d'O
renge, qui en fa faueur tenoit la ville de
Florence eſtroitement aſſiegee, y fut
tué, qu'il n'eut d'auoir recouuert la ville, meſmes d'auoir eſté creé Pape, craignant que pour recompenſe, il ne luy
demandaſt ſa niece Catherine en mariage, de laquelle pour en tirer ſeruice,
il luy auoit dōné eſperance. Et auſſi mou
rut il ſuſpect en toutes ſes actions à tous
les Princes de la Chreſtienté, odieux à
la court de Rome, & ſi fort hay d'vn
chacun, qu'eſtant ſoupçonné contre
ſon medecin, de l'auoir empoiſonné,
n'y eut celuy qui ne l'en remerciaſt en
ſon cœur, comme ayant fait vn ſingu-
lier ſeruice à toute la Chreſtienté, & no
tamment à la ville de Rome de l'en a-
uoir deliurée. Voila les oncles pater-
nels de Catherine de Medicis: ie ne dy
que ce que les hiſtoires plus approuuees
de noſtre tēps teſmoignent: ceux qui les
ont conneus particulierement, en pourroyent dire d'auantage. Que ſi vous les
enquerez qui eſtoit Laurens de Medicis
ſon pere, ils vous diront, que c'eſtoit vn
hōme cōſommé en toutes eſpeces de vi-
lenies, en adulteres, en inceſtes, vn hōme
aueu-

aueuglé d'ambition, a qui ne reſtoit que
d'eſtre grand pour faire de treſ-grans
maux:&qui par apres ceſt autre Laurens
ſon couſin germain, Ils vous reciteront,
cōme il feignit vne eſtroite amitié vn an
entier auec Alexādre de Medicis, ſō plus
proche parent, ſe rendit eſclaue de tous
ſes plaiſirs, ſe fit ſon eſpion enuers les
Stroſſi, & tous ſes autres ennemis, ſō ma
quereau enuers toutes celles qu'il deſi-
roit, iuſques à inceſtes treſ execrables, &
finalement l'ayant attiré à ſa maiſon,
ſoubs pretexte de le faire iouyr de quelque Dame, le tua de ſa main, dormant
en ſon lict propre. Vous voyez comme le pays de ſa naiſſance, ſa race, les a-
ctions de ſes plus proches, nous doy-
uent faire attendre de terribles choſes
d'elle. Or les Aſtres menacerent euidemment au temps qu'elle naſquit, le
lieu ou elle feroit ſa demeure. Ses parens curieux comme ils ſont là ordi-
nairement, de ſçauoir le deſtin de ſa vie,
aſſemblerent les plus fameux Aſtrologues dés enuirons, pour faire ſa natiui-
uité: entre autres Bazil Mathematicien,
celuy qui predit au Duc de Florence
dernier mort, lors qu'il n'y en auoit au-

cune apparence qu'vne grande & excel-
lente dignité l'attendoit. Le regiſtre ou
opiniõ de ces Aſtrologues, eſt eſcrite en
forme de cõſultatiõ, & ſe pourroit encor
recouurer. Tous iugerent d'vn accord,
qu'elle ſeroit cauſe (ſi elle viuoit) de treſ
grandes calamitez, & finalement de ruine totale à la maiſon, & au lieu ou elle
ſeroit mariee: ce qui eſtonna les parens,
de ſorte qu'ayãs eſté aucunemẽt en brã-
le de la ietter au loin, comme vn Paris,
qui ruina ſa patrie & autres ſemblables,
conclurent par pitié de la nourrir, mais
pour faire mẽtir les inclinations que pre
diſent les Aſtrologues de ne la marier ia
mais: aduint ãlque tẽps apres, que Flo-
rẽce ſe voulut deliurer de la tyrãnie des
Medicis, & fut aſſiegee l'an 1530. à l'inſtance du Pape Clemẽt, qui les y vouloit
maintenir. Ceſte prediction ne s'eſtoit
peu du tout celer: car Clarice de Medicis
ſa tante, femme de Philippes Stroſſi, ennemie formelle de ces Medicis, qu'elle
tenoit pour baſtards, l'auoit ſceu & quel
ques autres auſſi, qui ne tenoyẽt pas cõte de la celer, dõt ceux qui en oioyẽt par
ler n'imaginãs pas qu'elle deuſt iamais
eſtre mariee hault, penſans qu'elle deuſt
                                    eſtre

eſtre occaſion de la ruine de leur ville, &
ce d'autant plus que Clement demandoit touſiours en premier lieu qu'on luy
rendiſt ſa niece Catherine, là deſſus fut
tenu vn conſeil. Les vns propoſerent de
la mettre dedans vn panier, & le pendre
deſſus le rampart entre deux creneaux:
à fin que quelque canonnade l'emportaſt: meſmes y eut quelque preſcheur,
qui exhorta les ſeigneurs publiquemẽt,
a ce qu'ils s'en deffiſſent de telle ſorte.
Autres de la mettre en vn bourdeau,
quand elle ſeroit en aage, aucuns de l'o-
ſter aux religieuſes qui l'auoyent en garde, & la mettre au couuent des Emmur-
tes, dont elles ne ſortent iamais: tous
d'vn accord, de ne la rendre iamais à
ſon oncle. En fin la plus douce ſentence en apparence, & en effet, la plus cruelle fut ſuyuie, qui fut d'aucuns, qui
propoſerent de la laiſſer és mains des
religieuſes qui la gardoyent, comme
de fait elle y fut, tant que la ville ſe rendit. Il en auoit gratifié le Prince d'O-
renge pẽdant le ſiege: maintenant qu'il
en eſt depeſché, il en fait feſte ores à
Franceſco Sforza Duc de Milan, en faueur de l'Empereur, ores à vn autre.

Paule Io-
ue.hu.29.

Mariage de la Royne mere.

En fin vn desir extreme de vengeance, pratique & conclud cest infortuné mariage. Le Roy François premier, n'estoit point bien content de la rigueur que l'Empereur luy auoit tenue en sa prison,& és traitez faits auant qu'en sortir. Le Pape Clement pareillement, estoit irrité du sac de Rome, auquel il auoit esté pris: entrepris, disoit-il, par la conniuence de l'Empereur, & tout fraischement aussi il auoit,estant esleu comme arbitre, adiugé la ville de Modena au Duc de Ferrare, laquelle Clement pretendoit suiure. Tous deux s'en vouloyent donc venger, mais tous deux se deffioyent aucunement de leurs moyens, & auoient à faire, l'vn de l'authorité Papale, & l'autre des forces de France, le Roy luy fait tenir propos par les Cardinaux de Tournon, & de Grandmont, du mariage de Henry Duc d'Orleans, lors son fils auec sa niece. Clement le desiroit fort, & ne pouuoit croire, que ce fust à bon escient, il descouure ceste negociation à l'Empereur, à qui il faignoit de se fier, pour l'alliance confirmee par le mariage de sa fille naturelle, auec Alexandre de Medi-

Guicciard liu.20. Paule Ioue.liu.31. Martin du Bellay. li. 4.

Medicis. l'Empereur luy respond, que s'il faisoit mine de presser cest affaire, il apperceuroit tout clairement, que ce n'estoit que pour l'amuser. En somme, il le presse si viuement, que les pouuoirs de contracter sont enuoyez, & tost apres les accords passez, esquels le mariage de Catherine fut secretement assigné sur vne vaine & pernicieuse esperance des Duchez d'Vrbin & de Milan, que le Pape aideroit à recouurer, & sur Parme, Plaisance & Modena, qu'il y deuoit adioindre, par autres peu asseurez moyens, desquelles entreprises nous n'eusmes onques que ruine en France. Et aussi auant qu'il se parlast de ce mariage, Clement auoit tousiours dissuadé au Roy telles entreprises. l'Empereur se trouue deceu de son opinion, & entre en doute, que ce mariage ne luy apportast quelque nouueauté en Italie. Pourtant enuoye solliciter Clement de ses promesses, & l'exhorte a ne prester pas l'oreille, à tout ce que les François luy pourroyent proposer. Il respond que la Chrestienté, tant par la multiplication des Lutheriens en tous endroits, que par la reuolte du Roy d'Angleterre,

Guicciard liu.15.& 16.

estoit fort des-vnie, que pour la reunir, l'alliance d'vn si grand Roy, luy estoit du tout necessaire, mais que pour l'alliance nouuelle qu'il auoit faite, il ne se mist en peine, qu'il aimeroit mieux estre arbitre de paix entr'eux, qu'autheur ne fauteur de guerre, & qu'au reste il auoit baillé aux François vne femme qui seroit cause de leur brouiller tout leur estat. Son dire pouuoit bien estre fondé sur la predictiō de ses Astrologues, mais ie penseroy, qu'il auroit eu esgard aussi au naturel de sa race, & de soy-mesme, qui luy faisoit auoir telle opinion de sa niece. Finalement le mariage fut consommé l'an 1533. à Marseille, ou le Pape & le Roy s'entreuirēt, & ne peut onc Clement s'en bien asseurer, pour la trop grande difference qu'il y voyoit, qu'il ne les eust veus couchez ensemble. Voy la les aduertissemens du ciel, les predictions des Astrologues, le iugemēt d'vn Pape son oncle autheur de ce mariage. La voyla eschappee du couuent, du canon, du bourdeau, pour estre mariee de vueil à vn fils du Roy de France. Il faut voir maintenant, comme elle a biē sceu accomplir ses profeties, & si elle a en riē dege-

degeneré de sa race. Ie ne veux point m'arrester à ses ieunes annees, esquelles toute ieune qu'elle estoit, elle monstra signes assez euidens d'vn esprit tres ambitieux. On scait les grandes & fortes presomptions qui sont contre elle, d'auoir fait empoisonner le Dauphin Frāçois aisné du Duc d'Orleans son mary, l'enuie enragee qu'elle luy portoit, pour le voir fort aimé du Roy, & honoré de toute la noblesse Françoise pour ses vrayement royales vertus, la ialousie qu'elle semoit entre ces deux freres, la familiarité qu'elle auoit aussi auec ceux qui furent soupçōnez de ce meschant a-acte. Puis apres venant mōseigneur François Duc d'Anguien en reputation, pour ses promesses, comme elle luy fut secretement ennemie, les impressions qu'elle metroit à la teste du Roy Henry son mary lors Dauphin côtre luy, tant que Cornelio de Beuteuoglio l'en depescha à la Roche Guyon, comme estant sur le poinct d'estre repudiee & renuoyee en Italie, tant pour sa sterilité, que pour les apparences de son mauuais naturel : elle gaigna la grande Seneschalle depuis Duchesse du Valentinois, afin qu'elle

b.iij.

(marginal note:) Empoisonnement du Dauphin François.

l'entretint auec mõsieur le Dauphin son
mari; & n'eut point de honte, d'estre
comme maquerelle, pourueu qu'elle
paruint à son intention. Ce sont actes ve
ritablement enormes & grandes arres
du mal, qu'elle nous a liuré depuis: mais
ce n'est toutesfois rien au pris de ce qu'el
le a fait, quand elle s'est veuë entrer au
gouuernement, & c'est là, que ie prie
vn chacun d'arrester principalement sa
veuë, suiuant le dit des anciens, qu'au
gouuernement plus qu'en aucune autre chose, on cognoist le naturel d'vne
personne.   Apres la mort du Roy François premier, & qu'elle eut des enfans
par ses artifices, dont chacun a ouy parler, se voyant hors de dangier d'estre
r'enuoyee à ses parens, elle tascha tousiours de se fourrer au gouuernement
des affaires, & pource faisoit presques
la court à feu monsieur le Connestable, pour y mettre par ce moyen vn pied,
& puis par ses subtilitez tout le corps:
monsieur le Connestable, encores qu'il
n'en eust pas grande enuie, toutefois
en disant tousiours quelque mot au Roy
Henry., pour contenter l'importunité
de ceste femme: mais receuoit tousiours
des

des responses froides & ambigues : & y
en a prou qui sçauent, qu'vn iour s'en-
nuiant de ce que monsieur le Connestable luy en parloit, il luy respondit,
qu'il ne cognoissoit pas bien le naturel de sa femme, que c'estoit la plus gran
de brouillonne du monde, en ces mesmes termes, & que qui luy donneroit
ceste entrée, elle gasteroit tout. Si ne
peut il toutefois tant faire, qu'elle ne
fust aucunement introduite, pendant le
voyage d'Allemaigne, mais ce fut pour
si peu de temps, & auec si bonne bride,
que le public ne s'en peut pas grandement sentir: ioint qu'elle vouloit à la façon du pays, se monstrer bonne mesna-
gere en peu, pour desrober chose d'im-
portance, & craignoit de degouter les
personnes de son gouuernement dès le
premier coup. Le Roy Hẽry mort (qu'el
le ne pleura pas longuemẽt) le Roy Fran
çois son fils aisné vient à la couronne, lequel fauorisoit fort messieurs de Guise,
oncles de la Royne d'Escosse sa fẽme, &
se remettoit presque en eux de toutes ses
affaires. Or tenoient ils fort peu de côte
de Catherine de Medicis, & luy dõnoiẽt
la moindre entree au gouuernemẽt qu'il
b iiij.

leur eſtoit poſſible, d'autant diſoyēt-ils,
qu'il eſtoit plus aiſé & plus à propos de
luy enfermer la porte, que de l'en chaſſer
quand elle y ſeroit entree. Elle donc voy
ant les Princes du ſang vn peu reculez,
& les principaux officiers de la couróne
mal contens, ſe reſolut de les mettre en
còlere pour ce gouuernement, afin d'y
entrer ſous ombre de ſe faire arbitre de
la difference. Elle s'addreſſe à feue ma‑
dame de Mompenſier, dame de grand
entrédement, qu'elle ſembloit aimer par
deſſus toute autre, ſe plaint à elle du gou
uernemēt du Royaume oſté aux Princes
du ſang legitimes adminiſtrateurs d'ice‑
luy, & transferé a des eſtrangers, du recu
lemēt de monſieur le Conneſtable & de
ſes enfãs, meſmes de ſes neueux de Cha
ſtillon, dont elle affectionnoit fort le par
ty, comme il ſembloit, du peu d'authori‑
té qu'on laiſſoit aux principaux officiers
de la couronne, apres leurs grãs ſeruices,
du peu de côte meſme qu'on faiſoit d'el
le femme & mere de Roys, appelle en ter
me expres le gouuernemēt de meſſieurs
de Guiſe, vne vſurpation tyrannique, &
vn commencement de s'emparer de la
couronne, ſous pretexte de la ſucceſſion
de

de Charlemagne par aneantiſſemēt des
plus grans. Il ſembloit que quelque grãd
zele du biē public la pouſſaſt. Elle ſauoit
d'autre part que madame de Monpen‑
ſier adheroit dés lors à l'opinion des Lu‑
theriés, & que ſur la fin du regne du roy
Héry il s'en eſtoit d'eſcouuert vn grand
nombre en France, qui ſembloit eſtre au
cunement ſupporté par aucuns des Prin
ces du ſang, pourtant fait-elle mine de
hair les rigueurs qu'on leur tenoit, veut
entendre leurs fondemēs, monſtre gran
de enuie d'eſtre inſtruite en leur opiniõ,
ſe faict recommander à leurs conſiſtoi‑
res, & leur promet toute aide & faueur,
comme ſi elle n'euſt rien plus deſiré que
leur auancement. Madame de Monpen
ſier à ſon inſtance communique ſes pro‑
pos au Roy de Nauarre & au Prince de
Condé, pareillement auſſi en faict ouuer
ture à feu monſieur le Conneſtable par
le moyen de Charles de Marillac Arche‑
ueſque de Viēne, & à pluſieurs ſeigneurs
qui luy ſembloyent y auoir intereſt, com
me ils auoyent tous quelque occaſion
d'y preſter l'oreille: & euſſent bien deſiré
de voir vn tel affaire biē acheminé. Mais
cognoiſſans ce qui mouuoit la Roine de

entrer en telle deliberation, & son naturel suiet à tout embrouiller, ils ne s'en
voulurent mesler à son adueu, & s'y mon-
strerent peu eschauffez. Ce neantmoins
le bruit de la volonté qu'elle auoit de fa-
uoriser vn changement conla entre tant
de personnes, qu'en fin quelques vns có-
cluret de s'en seruir, dont s'ensuyuit l'entreprise d'Amboise, conduite par deux
sortes de gens, les vns mal contés du gou
uernement, les autres Lutheriés malcon
tens des rigueurs qu'on leur tenoit, tous
deux enhardis principalement par la faueur qu'ils auoyent entédu qu'elle leur
porteroit, s'ils pouuoyent à quelque prix
que ce fust deséparer messieurs de Guise
du gouuernement. Or l'issue de ceste entreprise fut, comme chacun scait tresmal
heureuse pour les entrepreneurs d'icel-

Chāge d'a-
uis en voy
ant l'issue
mauuaise.

le, Donc elle se resout de se renger auec
messieurs de Guise & s'accómoder à leur
volonté, puis qu'ils estoyēt si bien entrez
au gouuernement qu'on ne les en pouuoit deietter. Pour les gaigner elle crie
la premiere, & le plus haut côtre ces entrepreneurs, elle feint de croire qu'ils a-
uoyēt conspiré côtre elle-mesme, est pre
sête à leur supplice pour móstrer qu'elle
l'approu-

l'approuuoit, Outreplus pour leur cóplai
re en toutes façós, gaigne tant par belles
paroles sur le Cardinal de Bourbō qu'elle luy faict amener le Prince de Condé son frere en prison, faict tres-estroi-
te amitié auec le Cardinal de Lorraine,
qui manioit tout, (& chacun scait par
quels moyens) fait emprisonner le Vida-
me de Chartres en prison estroite : dont
voyāt qu'elle faisoit mourir ceux qui pa
rauāt elle auoit mis en besongne, il s'ēs-
crioit souuēt qu'elle seroit la ruine de ce
royaume. Bref elle cerche rāt de moyens
pour les gratifier, qu'elle n'a point de hō
te de proposer qu'on ne feroit point de
tort aux Princes du sang de Frâce, quand
apres le premier Prince du sang marche-
roit le premier de Lorraine, apres le second, le second, & ainsi consequemment
des autres : chose que ie suis certain que
iamais messieurs de Lorraine n'eussent
voulu entreprēdre. Tout pour entrer au
gouuernement de nostre royaume que
sur tout elle desiroit. La voila (comme il
apert) cause du premier tumulte, qui depuis semble auoir semé tous les autres.

Vient le Roy François second à mourir, & luy succedé Charles IX. n'agueres

decedé aagé d'vnze à douze ans: Prince
certainemét de bon naturel si elle n'eust
employé tous moyens à le corrompre.
Or tendoit-elle à gouuerner pendant sa
minorité, mais elle doutoit que le Roy
de Nauarre premier Prince du sang, maieur d'ans, voulust entreprendre le gouuernemét qui de droict luy appartenoit
sans luy en faire part, & ce d'autant plus
qu'elle le voyoit bié d'accord auec mó-
sieur le Connestable & ses nepueux de
Chastillon, & autres principaux officiers
de la couronne. Elle gaigne donc le Roy
de Nauarre par se monstrer affectionée
à la deliurance & iustification du Prince
de Códé son frere, elle faict gaigner ceux
de Chastillon par madame de Monpen-
sier qui y alloit à la bonne foy, pensant a-
uácer sa religion, à laquellé dés quelques
années auparauant ils adheroyét. Monsieur le Connestable par ceux de Chastillon, qu'alors il aimoit & croyoit beaucoup, tellement que le roy de Nauarre
partie de son mouuement, & partie par
le conseil de ses amis, comme il estoit facile de son naturel, & peut estre plus adó-
né à son aise qu'au soin du public, con-
descendit facilement à ce poinct, qu'ils
ma-

Gouuerne auec le roy de Na-uarre.

manieroyét les affaires du royaume ensemble, la roine & luy par le conseil des
autres Princes du sag, officiers de la couronne, & conseilliers du roiaume. C'e-
stoit desia beaucoup gaigné, mais ce ne
luy sembloit rien, car elle vouloit estre
seule. On viét peu de temps à continuer
l'assemblée des estats encómencée sous
François second, esquels elle sceut si bié
iouër son ieu, qu'elle vint à bout de son
intention, quoy qu'és estats particuliers
des Prouinces on eust deferé le gouuernement au roy de Nauarre. Et voici la ru-
se. Le roy de Nauarre fauoriseroit sous
main les Huguenots, dont le nombre a-
lors sembloit fort grand, & plus grand
qu'à la verité il n'estoit pas le bruit qu'il
s'en faisoit par toutes les villes, & les gentils hommes qui s'y adioignoyét de iour
en iour. Or entreprend-elle de les fauo-
riser sous main en telle sorte qu'ils eussent recours à elle plustost qu'à luy, comme à celle dont ils tireroyent plus de support. Elle en faict mesmes des demonstra-
tiós toutes ouuertes de ne trouuer point
leur opinion mauuaise, fait prescher deuant elle quelques personnages tenus de
long temps pour Lutheriens. L'Euesque

Elle gai-gne les Hu-guenots pour gou-uerner seu-le.

de Valéce, Boutaillier & autres, & oit fort
particulierement Pierre Martir sur les
poincts controuerses de la religion, dont
plusieurs catholiques commencent fort
a se scandaliser: mais qui est plus, commu
nique secretement auec les plus apparés
de leurs ministres, lit leurs remonstran-
ces & liurets, reçoit volontiers leurs requestes, promet tout auancemét à leurs
affaires, se fait recommander à leurs Egli
ses & consistoires, leur fait liurer de l'argent pour faire venir les Ministres de tou
tes parts au colloque de Poissi, mesmes
leur donne à entendre qu'elle veut faire
instruire le Roy son fils & messeigneurs
ses enfans en leur religion. Ie laisse à iuger à tout bô catholique quel acte estoit
cestui ci, veu que les Huguenots auoyét
tousiours esté condamnez par les Rois
precedens, & n'auoyent point encores
obtenu d'Edit par lequel leur fust permis
de viure librement en leur religion. Par
ses subtilitez gaigna-elle le Prince de
Condé & les trois freres de Chastillon, &
tous ceux qui desiroyent changemét en
la religió, tellement qu'ils disoyent tous
qu'elle faisoit plus pour eux que le Roy
de Nauarre, & s'adressoyent plus volontiers

tiers à elle en leurs affaires qu'à luy. Pendant ne laissoit elle pas de faire bône mi
ne à tout le monde, & de dire en derriere
aux catholiques que ce n'estoit que pour
euiter la diuisió qu'elle faisoit cela, comme ainsi fust qu'il ne luy chaloit qu'elle
religion fust ruinee ou establie, pourueu
qu'elle paruint à son but, qui estoit de
gouuerner. D'autre costé cognoissât l'hu
meur du Roy de Nauarre, l'amusoit-elle
tant qu'elle pouuoit aux plaisirs de la
court. Il faisoit la court à la damoiselle
de Rouët, vne des filles de la Roine, elle
luy commande donc de l'entretenir &
luy complaire en ce qu'elle pourroit, afin
qu'oubliant les affaires de soy-mesme il
m'escôtêrait vn chacû, côme de fait elle
en vint à bout par ce moyé. En sôme elle
fait si bié que nonobstât les oppositions
d'aucûs des deputez des estats fôdees sur
l'authorité de nostre loy Salique, & les
mauuais succez des gouuernemés des fé
mes en ce roiaume, le Roy de Nauarre y
condescér par nonchalance, & les deputez s'y rédans moins restifs par le peu de
soin qu'ils voyoyent en luy, le gouuernement est deferé à la Roine, côme celle
qui deuoit procurer le bié du Roy son fils

Endort le
Roy de Na
uarre.

& par consequent de son royaume comme vne vraye mere. Et furent l'Admiral de Chastillon & le seigneur de Mortier qui en porterét la parole aux estats, dont ils ont esté recompensez, comme tous ceux qui ont faict par le passé des seruices aux Medicis, l'vn de mort, & l'autre de haine. Voila comment pour son bien particulier elle fauorisa les Huguenaux & par ses faueurs les fit premierement multiplier en ce royaume, & les enhardit à prescher publiquement, & sortir des cauernes pour se monstrer par les villes, non pour opinion qu'elle eust plus à leur religion qu'à aucune autre, côme depuis est assez apparu; mais pour oster le parti des Huguenaux au roy de Nauarre son competiteur. Et de faict elle fut en partie cause que l'Edict de Ianuier, qui leur permettoit libre exercice de leur religiô par les fauxbours de toutes les villes de ce royaume leur fut accordé, fondement que depuis ils ont bien sceu retenir pour se iustifier de toutes les guerres ciuiles: mesmes quand apres cest Edict les Huguenaux de Rouën se retirerent à faire leurs presches aux fauxbours, pour y obeir elle fit grande demonstration de le trouuer

trouuer mauuais, disant qu'ils s'en deuoyent faire prier, & que si grande facilité leur porteroit preiudice à l'aduenir. Or ce n'est point assez de gouuerner: elle ne veut point auoir de contrerolleurs. Feu monsieur le Connestable auoit accoustumé de la rabrouër. Messieurs de Guise sous le roy François second l'auoyent tousiours tenue basse. Il faut s'aduiser de quelque voye indirecte pour les chasser du conseil. Les estats estoyent tout confus & esbahis de voir tant de dettes publicques, veu l'argent que les deffuncts Rois. auoyent tiré de leur peuple, & eussent eu bonne enuie d'en demander les comptes à ceux qui sous eux en auoyent eu le maniement, & de recercher les dons immenses, mais c'estoit s'attacher aux plus grands, & ceste recerche ne se pouuoit faire sans fascher monsieur le Connestable, messieurs de Guise, & môsieur le Mareschal de sainct André, qui auoyent eu la principale authorité sous lesdicts deffuncts Rois, ce que les estats n'osoyent faire sans support. Elle les solicite donc d'en faire instance; leur promet toute aide & support, pour chose qui semble si raisonna-

Moyen de chasser le Connestable, &ceux de Guise du côseil.

ble, & faict tant qu'ils deliberent de faire rendre compte à ceux qui auoyent
administré le roiaume sous les Rois precedens, & ce deuant personnages notables deputez à ce faict par l'assemblee
des Estats, & que pendant icelle reddi-
tion des comptes, ceux qui s'y trouue-
royent subiets n'entreroyent point au cõ
seil. Voila ce lui semble sa partie bien
faicte auec le Prince de Condé, ceux de
Chastillon & tous les Huguenots de
France qui sembloyent multiplier à veuë
d'œil par la faueur qu'elle leur mõstroit:
mais voici tout incontinent vne autre
partie qui se faict pour s'opposer à la sienne. Le Roy de Nauarre s'apperçoit
que pendant qu'il s'amuse à l'amour, la
Roine l'auoit à demi desarçonné. On
la lui imprime en la teste tant que faire
se peut. Il commence à s'en fascher &
molester à bon escient pour l'en vouloir
empescher. Par auant il se gouuernoit en
partie par ceux de Chastillon : maintenant il les desdaigne, comme autheurs
en partie du gouuernement de la Roine,
& se declaire leur ennemi ouuert. Il a-
uoit fort indignement chassé de la court
le Mareschal de sainct André, pour quelques

Cause des
premiers
troubles
par Cath.
de Medic.

ques torts pretendus de luy pendant le
regne de François second de ce nom.
Il le rappelle, par ce qu'il estoit mal auec
la Roine mere, & se l'accoste de lui. Sur
ces mouuemens messieurs de Guise mal
contens du peu de conte qu'on faict de
eux & du grand conte qu'on leur demande apres tant de seruices, pensent de se
seruir de ceste occasion. Ils lui donnent
esperance du roiaume de Sardaigne, en
recompense de celuy de Nauarre, & l'as-
seurent de faire tant enuers le Pape qu'il
adouëra le diuorce, qu'il desiroit faire
auec sa femme, & lui moyenner mariage auec la Roine d'Escosse leur niepce.
En ce mesme temps aussi Baldouin Iuris-
consulte renommé le vient trouuer, lequel le destourne du changement de religion, auquel parauant il enclinoit tellement qu'on le vit en peu d'heure oublier toute la haine que parauant il pór-
toit à messieurs de Guise & abandonner
les Huguenots. Monsieur le Cõnestable
d'autrepart voit que les Huguenots s'au-
gmétent à veüe d'œil & qu'on ne cerche
aussi que de se desfaire de luy par voyes
obliques. Il pense d'y donner ordre, & tã
pour l'affection qu'il deuoit à l'Eglise, cõ

c.ij.

me iſſu du premier Chreſtien de France,
qui pour ſe maintenir contre les deſſeins
de la Roine, ſe r'allie tant plus eſtroitement auec le Roy de Nauarre & s'appointe auec meſſieurs de Guiſe, dont ſe
vit vne autre partie dreſſee du Roy de
Nauarre, monſieur le Conneſtable, meſſieurs de Guiſe & le Mareſchal de S. An
dré, tant pour s'oppoſer au gouuernemét
de la Roine, qui les vouloit abbaiſſer &
aneantir, qu'à l'augmétation des Huguenots auſquels elle preſtoit la main. Ces
parties faictes, on ne fut pas long temps
ſans voir vn beau ieu. C'eſtoit à qui ſe ren
droit maiſtre de Paris & de la court. Elle
faict donc venir le Prince de Côdé à Paris accompaigné de quelques gentils hõ
mes ſes amis : mais monſieur le Conneſtable y arriue toſt apres, qui par la crean-
ce & authorité qu'il auoit en la ville, s'y
rendit incontinent le plus fort. Elle faict
que le Prince de Côdé aduertit ſes amis
pour venir à la court, & ſe tenir fort pres
de la perſonne du Roy: mais meſſieurs de
Guiſe y arriuent les premiers qui les gar-
derent d'en approcher. Cependant elle
pleure, elle ſe plaint, elle ſe tourmente,
que le Roy ſon fils & elle ſont priſon-
　 niers

niers entre leurs mains, qu'on lui a voulu
deſrobber ſon ſecond fils pour le mener
en Lorraine, eſcrit au Prince de Condé
qu'il prenne les armes, qu'elle lui recom-
mande la mere & les enfans, qu'il n'endure point qu'on les tienne miſerable-
ment en priſon, tellement que ſe voyant
authoriſé d'elle, il ſe va mettre dedans
Orleans, prend pluſieurs villes à l'adueu
des plaintes qu'elle lui faiſoit, aſſemble
ſes amis de toutes parts, & leur faict pren
dre les armes par tous les coings du roiaume. Ce qui eſt trop certain que ſans
elle, ni lui, ni ceux de Chaſtillon n'euſſent iamais oſé entreprendre. Comme el
le voit qu'il n'eſtoit pas aſſez fort pour la
deliurer de là, & que la preſence du Roy
fortifioit infiniement le parti de ſes ad-
uerſaires, elle temporiſe doucement & ſe
veut rendre arbitre entre les parties. Cependant toutesfois, ce ne ſont que meſ-
ſagiers vers le Prince de Condé, lettres
ſecretes, entrepriſes cachees, tous propos contraires à ce qu'elle diſoit, ou eſ-
ſcriuoit ouuertement à l'inſtance & en
faueur du parti catholique. Elle le prie
de continuer, l'aſſeure de ramenteuoir
tellement au Roy le ſeruice qu'il luy fait
c.iij.

que iamais ne l'oubliera, l'aduertit de ne
prendre pied sur lettre qu'on luy face es-
crite par le Roy ne par elle, comme leurs
volontez estás captiues auec leurs corps.
Iusques là qu'elle fut vne fois sur le point
de se desrobber & emmener le Roy à
Orleans, ou estoit le Prince de Condé,
si le Sieur de Sarlan, qui est auiourdhuy
son premier maistre d'hostel ne l'en eust
destournee. Ceci faict que le Prince de
Condé demeure ferme en sa deliberation, ceci luy confirme son authorité, &
luy entretient ses forces, luy faict mesmes auoir secours d'hommes & d'argét,
d'Allemaigne & Angleterre, à l'adueu
de ces lettres qui testifioyent qu'il estoit
armé pour deliurer le Roy de captiuité, & par son expres commandement
(& nous la falu payer depuis) tellement
qu'au lieu qu'il fust incontinent venu à
quelque composition elle fit tirer guerre en grande longueur, & enaigrit les
cœurs des hommes les vns contre les autres. En ce poinct demeura-elle entre-
tenant les Catholiques de bonne mine,
& les Huguenots de bons effects, tant
que le Roy de Nauarre son competiteur
fut tué deuant Roüen, de la mort duquel

quel elle eut vne extreme ioye. Or comme elle n'a meilleur parti que son ambition, ceste mort luy fit changer de des-
sain tout à coup. Vous l'auez veüe faire
bonne mine, se disant estre Huguenote
à l'enui du Roy de Nauarre, maintenant
la verrez-vous Catholique en despit du
Prince de Condé. Tant que le Roy de
Nauarre son competiteur au gouuernement vescut, elle fauorisa le Prince de
Condé son frere contre luy, & par mesme moyen les Huguenots dont il estoit
chef. Maintenant que par sa mort elle
s'en voit deliuree, & peut tenir sans con-
tredit le premier lieu au parti Catholique, & que d'ailleurs le Prince de Condé vient à estre le plus proche du sang &
du gouuernement, par consequent craignant que venant a estre le plus fort, il
ne querelle pour paruenir au gouuernement, elle luy deuient tout à coup ennemie, tellement que c'est tout autre stile
de lettres & de propos, qu'il n'estoit trois
iours auparauant. Elle luy auoit faict
prendre les armes, qui l'auoyent rendu
ennemi declairé des plus grands Princes
& Seigneurs, & mesmement fort odieux

Cather. de
Med. preé
le parti Ca
tholique.

c.iiij.

à toute la France: maintenant elle lui veut faire quitter sans propos, & toutes les villes qu'il tenoit, à son refus luy fait la guerre à toute outrance au lieu que parauant elle fauorisoit ses armes. Bref n'a plus autre dessein que de le ruiner par le moyen des catholiques, les entrechoquer pour les casser tous deux, & vainquant le parti des Huguenots affoiblir tant qu'elle pourroit celui des catholiques. Pour commencer elle faict enuoyer au Prince de Condé par maistre René son perfumeur Milannois vne pomme de senteurs empoisonnée, & n'eust esté que son Cirurgien nommé le Gros s'en doutant pour le lieu dont elle venoit la lui osta des mains, & la sentit, dont il en deuint tout enflé par le visage, il n'y a doute qu'il estoit mort, car vn chien auquel on en fit manger des raclures auec du pain en tomba tout roide mort. Donc elle continue la guerre, & contre l'aduis de tous les seigneurs qui auoyent charge en la conduite de l'armée, notamment de monsieur le Conestable & de messieurs de Guise, qui apperceuoyent à peu pres ou elle tendoit,

Elle

Elle fit donner la sanglante bataille de Dreux, en laquelle tout le royaume perdit infiniment, & elle seule gaigna la victoire. Nous y perdimes de nostre costé M. d'Annebaut & infinis gentils-hommes de nom & de valeur. Les Huguenots assez peu de gens de nom, elle y perdit tous ces seigneurs là: dôt elle estimoit la perte vn grand gain pour elle, eut le Prince de Côdé prisonnier en ses mains, & monsieur le Connestable, qu'elle redoutoit plus que nul autre pour sa liberté de parler, és mains des Huguenaux. C'estoit M. de Guise, dont elle eust bien voulu estre deffaite, elle le meine assieger Orleans, ou estoit le S. d'Andelot, auec tel nombre d'hômes, qu'il eust esté mal-aisé de la prendre, sans merueilleuse perte des nostres, mais d'autant plus grand gain en esperoit elle. Aduiët qu'il est tué par Poltrot en la façon que chacun sçait. Si elle en fut aise ou marrie, les freres de ce poure seigneur le recognurent bien, elle ne se peut tenir de dire à M. le Prince de la Rochesurion qu'elle auoit perdu vn des hommes du monde qu'elle haissoit le plus, & au Prince de Condé lors prisonnier qui luy disoit,

Ioye qu'el leeut de la mort de seu duc de Guise.

que par la mort d'vn tel homme le Royaume eſtoit deſchargé d'vn grand far-
deau, s'il eſt (reſpondit-elle) par ſa mort
deſchargé d'vn peſant faix, auſſi eſt mon
cœur de plus de dix, voila la recompenſe de tant de hazard, voila le gré qu'il
eut d'auoir perdu ſa vie à ſon ſeruice.
Voila la bonne volonté, dont peuuent
auoir herité ſes enfans. Tel gré ont eu
tous les autres qui luy ont fait ſeruice,
& tel auſſi le deuons nous tous attendre. Or euſt elle bien voulu ruiner le parti des Huguenaux : mais l'Amiral e-
ſtoit fort, maiſtre de la Normandie, a-
uoit payé ſes Reiſtres, & les r'amenoit
vers Orleans, en intention de donner
bataille. Nous n'auons plus de Chefs
bien authoriſez pour la bien ſouſtenir:
& là pendant comme y auoit grand dan
ger, il euſt fallu rendre le Prince de Con
dé, qui peut eſtre euſt voulu gouuerner: pourtant ſe reſolut elle de faire la
paix, & attendre vn autre temps plus
propre pour ſe depeſcher des autres, le
Prince de Condé eſtoit dés lors amou-
reux de la damoiſelle Liniueil, vne de
ſes filles, qu'elle luy auoit baillee pour
le debaucher, comme elle ſe ſeruoit tous
iours

fait la
paix pour
rendre o-
dieux M.
de Guiſe.

iours de fort honneſtes moyens, pour
paruenir à ſes deſſeins. Il s'ennuioit en
priſon, auſſi faiſoit monſieur le Conneſtable. En peu de iours donc elle conclud la paix & la haſte, tellement que
le Prince de Condé, n'eut pas le loiſir
d'enuoyer vers l'Amiral, pour la luy com
muniquer : exprés à fin qu'on attribuaſt
à feu monſieur de Guiſe tous les maux
de la guerre, comme ia on auoit com-
mencé, & que luy ſeul en emportaſt la
malediction, puis qu'incontinent apres
ſon decez ou verroit la paix r'entrer au
Royaume.

Par ceſte paix fut accordé l'exercice
de la religion aux Huguenots, non toutefois du tout ſi ample, que par l'edict de
Ianuier, leurs armes furét auſſi iuſtifiees
& aduoees, & leurs eſtrangers payez
des deniers du Royaume. Les Anglois
vouloient tenir le Haure de grace, il fut
repris par vne armee dreſſee à ceſte fin
de Catholiques & Huguenots, le Prince de Condé y eſtát en perſonne, & chacun monſtrant à l'ennemi, qu'il vouloit
faire ſeruice au Roy. Au retour, la Royne
fait declairer le Roy ſó fils maieur d'ans,
aagé de quatorze à quinze ans, encore

Maiorité
du Roy à
quelle fin.

qu'aucuns eſtimaſſent, que c'eſtoit trop
toſt, & côtre les exéples paſſez. Or à quel
le intention elle le fit, eſt-il aiſé à iuger.
Le Prince de Condé auoit fait quelque
mine de ſe vouloir introduire au gouuernement comme plus proche, & elle
luy auoit mis en teſte le Cardinal de
Bourbon ſon frere aiſné: diſant que pour
eſtre d'Egliſe, il ne luy appartenoit pas
moins de gouuerner. Donc pour luy o
ſter toute occaſion d'en parler plus, aux
grands de s'oppoſer à ſes pernicieux deſ
ſeins, & à tous en general de demander,
que les eſtats fuſſent tenus, ſuiuant ce
qu'il auoit eſté requis de les aſſembler
de deux ans en deux ans pendant la minorité, elle le fait maieur, à fin que par ce
moyen, elle peuſt gouuernerner ſeule
au nom du Roy, auquel elle feroit dire,
& faire tout ce que bon luy ſembleroit:
ce qui apparut dés le lendemain par les
imperieux propos, qu'elle luy fit tenir
aux principaux, notamment aux deputez des parlemens, comme ainſi ſoit que
noz Rois precedens notoirement maieurs, n'ayent iamais penſé leur authorité mieux eſtablie, que par celle de leurs
principaux officiers, tant des armes que
de la

de la iuſtice, deſlors commença elle auſ
ſi à diminuer l'authorité du priué côſeil
de nos Rois, ou ſe ſouloyent manier les
grans affaires de noſtre eſtat, & à tenir
de petis conſeils à l'aureille auec deux
ou trois perſones de peu de valeur, qu'el
le aimoit comme ſon oncle Clement,
pour ſes plus ſecretes affaires, nommemét auec ſondit ſeigneur du Peron, peu
au parauant Clerc d'vn commiſſaire de
viures, lors maiſtre de la garderobe du
Roy, & ores Mareſchal de France. Le
Roy cependant n'entendoit de ſes affaires, non plus maieur que mineur: ains e
ſtoit comme vn perſonnage muet en vne farce, qui ne ſert que de ſe promener
ſur vn eſchaffaut, ou ne parle que par celuy qui luy ſouffle en l'oreille: & ne vouloit elle pas auſſi qu'il en ſceut d'auantage. Au contraire comme en ſes tendres
ans venant à regner, elle luy auoit laiſſé
quitter ſes precepteurs pour iouer à la
toupie, & faire par vn mauuais preſage,
iouſter les coqs l'vn contre l'autre, main
tenant elle taſche de corrópre ceſte premiere ieuneſſe contre ſon naturel, le fait
ſoliciter par maquereaux, qu'elle met
au pres de la perſonne, n'a point de hon-

te mesme de luy seruir de maquerelle,
comme elle auoit parauant fait au Roy
de Nauarre & au Prince de Condé, pour
luy faire oublier tous ses affaires en l'en-
yurant de toutes voluptez, chacun scait
cecy: i'ay horreur d'en dire dauantage,
tellement qu'il ne venoit au conseil, que
par l'importunité de quelques vns, qui à
leur grand regret le voyoient ainsi mal
nourri. Pareillemét pour mettre le Prince de Condé en mauuaise reputation
enuers les siens, elle l'entretenoit tousiours aux despens de l'honneur de Liniueil, dont elle deuint grosse: & la Royne pour faire bonne mine l'en voulant
tancer, elle eut bien la hardiesse de luy
dire, qu'elle auoit en cela suiui son exemple & accomply son commandement. Monsieur le Connestable presque tout seul luy rompoit vne partie de
ses desseins, d'autant qu'ayant si long
temps gouuerné, il ne pouuoit endurer
qu'elle fist tout sans luy, ne condescen-
dre aussi a tout ce qu'elle vouloit. Cela rongeoit fort son ambitieux naturel.
Mais rien ne la tourmentoit plus en son
esprit, que de voir ses neueux de Chastillon bien auec luy, quelque different
de re-

de religion qu'il y eust: & par toute la
France, les gétils-hommes Catholiques,
Huguenots, & le peuple mesmes se r'allier ensemble par le moyen de la paix, &
oublier de iour en iour les inimitiez &
rancunes de la guerre ciuile, car elle crai
gnoit que moiennant cest accord, les
grás ne s'opposassent à son mauuais gouuernement par le moyen de la noblesse,
les petis par support des grans au re-
haussement des tailles & imposts qui se
faisoit incontinent pour fournir à ses
dons immenses & despenses excessiues
contre ce qui auoit esté permis és Estats,
tous en general aux desseins de quelques belistres d'Italie qui la possedoient
de parole, & par elle estoient sur le point
d'entrer en possession de gouuerner le
Roy & le Royaume. Et defaict desia có-
mençoit-on a en murmurer. Or d'autant
que cela ne se pouuoit faire, sans nostre
entiere recóciliation, ny nostre recócilia
tió sans qlques annees de paix, pour nous
accoustumer aux humeurs les vns des au
tres, elle cóclud en son entendemét, de
troubler la paix, qui de iour en iour nous
reunissoit, & pour ce faire resueiller les
querelles demi amorties de la religion.

Catherine cause des secórtrou bles.

Elle fait donc faire au Roy ce beau voya-
age de Baionne, ou elle deſpendit infiniment, ſous couleur de luy monſtrer
ſon Royaume: mais en effet pour ſoliciter les plus remuans en toutes les villes,
& par toutes les prouinces, qui par dons,
qui par honneurs, & qui par zele de religion à l'extermination des Huguenaux
(en ce voyage, elle fit infinis nobles à
ceſte intention) & pour conſulter auec
le Duc d'Albe, des moiens de troubler
ce Royaume: ie laiſſe à iuger a vn chacun, ſi vn ancien & capital ennemi des
François, s'eſpargnoit à luy faire de belles ouuertures pour nous ruiner.

A ſon retour, apres auoir ainſi donné
ordre à ſes affaires, par tout ou elle auoit
paſſé, elle vint à Moulins. Or taſchoit elle touſiours (ſuiuant ce conſeil du Duc
d'Albe) de prendre les ſaumons pluſtoſt
que les grenouilles, & pource ſolicitoit
touſiours l'Admiral & d'Andelot, de venir à la court où le Prince de Condé e-
ſtoit lors, à fin de les pouuoir tous depeſcher en vn coup: mais ils s'excuſoient
touſiours ſur la querelle qu'ils auoient a-
uec meſſieurs de Guiſe, qui eſtoit cauſe
qu'ils diſoient n'y pouuoir aller, ſans
danger

Appointe-
mēt de M.
de Guiſe
& de l'Ad-
miral, à
quelle fin.

danger de leurs perſonnes. Donc elle ap
pelle toutes les deux parties à Moulins,
pour faire (diſoit-elle) leur appointe-
ment, mais en eſperāce qu'ou ils ſe bat-
troient en quelque rencōtre, & luy don
neroiét du plaiſir, ou que pour le moins,
ceux de Chaſtillon n'auroient plus d'ex
cuſe de ne venir point en Court l'accord eſtant paſſé entr'eux: en ſomme elle s'aſſeuroit bien, que tel accord chan-
geroit ſeulement l'inimitié ouuerte en
rancune: & peut eſtre, pourroit auſſi don
ner occaſion de ſe deffaire de l'vne des
parties, mais ils y vindrēt ſi bien accom-
pagnez, outre ce que monſieur le Cōn-
neſtable le portoit, qu'on ne les peut at-
taquer. Et depuis meſmes trouuoiēt-ils
touſiours nouueaux moiés de ne ſe trouuer par tout enſemble à la Court. Pour-
tāt pourſuiuit-elle ſon principal deſſein:
elle fait venir ſix mille Suiſſes en Frāce,
ſous couleur de ſe dōner garde des trou
pes du Duc d'Albe, qui paſſoient le long
de noſtre frōtiere, pour aller en Flādres:
mais en effet pour aſſaillir le Prince de
Cōdé & les Huguenaux au depourueu,
comme ainſi ſoit, qu'elles fuſſent ia paſ-
ſees auant leur venue, & qu'à tout euene.

d.j.

ment les François estoient assez suffisans
pour les empescher de mal faire. Or au
retour du voyage de Bayonne, le Prince
de la Roche sur-Yon meu de la compas-
sion des maux qu'il preuoioit, auoit re-
uelé au Prince de Condé son parent tant
par homme expres, que mesmes au lict
de la mort l'entreprise conclue à Baïone
contre luy & côtre tous les Huguenaux:
disant, que iusques à ce poinct, il l'auoit
celé, esperant que elle se pourroit rôpre,
& craignant d'estre occasion de renou-
ueller les troubles, mais que puis qu'elle
s'acheminoit tousiours, il en vouloit descharger sa côscience, pour ne laisser ruiner si miserablemét tant de gês de bien,
entre lesquels y en auroit de ses plus pro
chains. Or en pouuoit-il parler à la verité, car il auoit fait tout le voyage auec el
le, & estoit alors de ses plus confederez,
mais depuis l'entreueue de Baïone, ayât
consideré les côsequences de telle entreprise, s'estoit vn peu r'approché du Prince de Condé, pretédant aussi luy faire e-
spouser sa niece vesue de feu M. de Neuers, & luy donner vne bonne partie de
ses biés. D'autre part M. le Mareschal de
Bourdillon mourât à Fontaine-belleau,
auoit

auoit dit à ses amis, qui le visitoyêt (plusieurs presens) qu'il ne regrettoit aucunement de mourir, & qu'aussi bien auant
qu'il fust six mois, y auroit telle côfusion
au Royaume, que nul ne se pourroit asseurer de ses biés ne de sa vie mesme. C'e
stoient de grans aduertissemens venans
des chefs de l'êtreprise. Outre tout cela,
sur le têps que les Suisses marchoiêt, vn
poure Huguenot, qui s'estoit endormi
en la châbre où on tenoit le côseil à marchez derriere vne tapisserie, ouit discou-
rir tous les moiés de l'executer. Le côcile
de trente s'alloit publier: les Suisses s'ap-
prochoient de la Court, pour cômencer
vne armee, côtre ceux qui n'y voudroiêt
obeir. Monsieur le Duc d'Aniou auoit à
l'appetit de la Royne vne querelle d'Allemaigne à S. Germain contre la Prince
de Condé, iusques à mettre la main à la
dague, & à peine mesmes en auoit-il
peu sortir assez à temps pour fuir vne
embuscade qu'on luy auoit dressee, sous
vmbre d'vne chasse. On auoit desia em-
poisôné le Prince de Portian par vne pai
re de gâds parfumez, de la façon de maistre René, & ne taschoit on tous les iours
q̃ de suborner quelqu'vn, qui en fit autât

Prince de
Portian
empoison
né.

d.ij.

aux autres. Voyant le Prince de Condé.
tous ces effets de mauuaise volonté, &
les preparatifs de l'executer prompte-
ment par quelque voye que ce fuſt, il ſe
reſoult de prédre les armes auec les ſiés,
auſquels ia on auoit beaucoup retréché
de la liberté de leur religion (& pour dire vray, i'en ſcai qui voyant tels preparatifs ne l'euſſent fait) & d'autãt q̃ la Royne l'auoit autrefois abreuué, que tous
tels deſſeins venoient principalemét de
M. de Guiſe, il entrepréd de les faire ſortir de la Court par force: & pour ceſt effet, vint à Meaux, ou lors eſtoit la Court,
de laquelle toutesfois leſdits ſeigneurs
de Guiſe ſe retirerent ſoudainement ſur
le premier bruit qu'ils entendirent de
ſon acheminement, dont les guerres ciuiles ſe veirent pour la ſeconde fois r'al-
lumees en ce Royaume. Nous en don-
nions le tort au Prince de Condé & aux
ſiens (mon but n'eſt point de les excuſer,
que pleut à Dieu, qu'ils s'y fuſſent com-
portez autrement) mais qui conſiderera
le danger ou eſtoient leurs vies, s'ils euſſent tant peu que ce ſoit attendu, on ac-
cuſera principalemét les mauuais & pernicieux deſſeins de la Royne, qui contre
la foy

la foy publique de la parole du Roy, qui
doit eſtre la verité meſme, les vouloient
exterminer: comme ainſi ſoit qu'en matiere de combats, qui premier met l'e-
ſpee au poing eſt coulpable, & non qui
premier frappe, & en matiere de guerre,
qui premier rompt la paix, eſt tenu de
tous les maux que fait celuy qui l'a rom-
pue, tendant à la conſeruation. Les Huguenaux viennét au partir de là, deuant
Paris, où le Roy s'eſtoit retiré. A presquel
que parlemés, vne bataille s'y donna, en
laquelle pluſieurs gétils-hômes demeu-
rerent d'vne part & d'autre. M. le Conne
ſtable s'en retourne à Paris bleſſé à mort.
Il eſtoit peu au parauant ceſte iournee
entré en quelque pique auec le Prince
de Condé: parlementant de la paix, &
la douleur d'vn coup tout fraiſchement
receu, dõt il eſtoit au lict de la mort, e-
ſtoit aſſez pour l'eſmouuoir à quelque
vengeance: nonobſtant dont cela tant il
eſtoit affectionné au bien de ce Royaume & plus enclin à obeir à la raiſon, qu'à
la paſſion, quelque vehemente qu'elle
peuſt eſtre, la Royne le venoit viſiter, il
ne luy parle que de faire la paix, à la plus
grande haſte qu'il ſeroit poſſible, en ces
d.iij.

mots, que les plus courtes folies eftoiét
les meilleures,&l'exhorte fi elle defiroit
le falut de ce Royaume a ne le troubler
iamais, pour quelque caufe que ce fuft,
en luy propofant côbien il s'affoibliffoit
d'heure à autre par la perte de tant de no
bleffe, mais c'eftoient tous propos en
vain:car il ne prenoit fes raifons pour
la paix,elle les prenoit pour la guerre,où
il remonftroit la perte, elle trouuoit fon
gain,& d'où il preuoioit la ruine du Royaume , elle fe promettoit fon eftabliffe-
mêt propre.La voila depefchçe de l'hôme du môde qu'elle regrettoit le plus,&
on fçait quel regret elle en eut, & côme
elle tafcha de rêdre fa memoire odieufe
au peuple de Paris,comme elle auoit ef-
fayé de rêdre fa vie.Peu de têps apres viê
nent des Reiftres d'Allemaigne au fecours de toutes les deux parties.Elle n'e-
ftoit point bien affeuree de ceux qu'ame
noit de Duc Iean Guillaume de Saxe à
fon fecours,pource qu'il eftoit gédre de
l'electeur Palatin, & de la côfeffió d'Auf
bourg. Le Prince de Condé d'autre co-
fté, eftoit en efperance de prendre Char
tres, & en payer fes Reiftres. Sur ceci dôc
elle fe refoult à la paix,en fait moiêneurs
ceux

ceux de Mommorency,cômençant ia fa
foy à eftre fufpecte,accorde aux Huguenaux partie de ce qu'ils veulent, promet
auec mille fermés,de ne la rôpre iamais,
& la fait iurer folênellement au Roy,cô-
me fi c'eftoit ieu de promettre en parole
du Roy, & petit crime de prophaner la
foy d'vn Prince, & d'vn Roy tref-chre-
ftien.Par ce moien,la paix eft arreftee en
peu de temps, mais à quelle intention il
fe vit incontinent.C'eftoit feulemêt à fin
que le Prince de Condé rompift fon armee, & r'enuoyaft fes eftrangers, & fit
retirer chacun chez foy,comme il fit dedans l'efpace qu'il auoit promis : au lieu
qu'elle dreffoit & minutoit les preparatifs de la guerre , pendant qu'on efcri-
uoit les articles de la paix. Ie croy qu'il
n'y a Catholique qui ne m'accorde , ou
qu'on ne deuoit rien promettre aux Hu
guenots, ou qu'on le leur deuoit tenir,
car ce que nous tenons noftre foy à quel
qu'vn, n'eft pas pour efgard que nous a-
ions a fa perfonne, tant que pour l'honneur que nous deuons a Dieu, que nous
en appellons à tefmoin, & la defcharge de noftre confcience propre. Auffi ne voy-ie point , que puffent deuenir
d.iiij.

toutes actions humaines, si la foy qui en
est la seule liaison, viết en mespris. Nous
auons veu le Roy d'Hongrie ruiné par
l'auoir à l'instáce d'vn Cardinal fauslee
aux Turcs. Nous scauons ce qui nous en
print, quand à l'appetit du Pape Caraf-
fe, nous la mesprisames, à l'endroit de
l'Empereur & dù Roy d'Hespagne:les hi
stoires sont pleines de tels exéples. Il est
trop certain, que nul ne peut rompre sa
foy à qui que ce soit, sans grandement of
fenser Dieu & son hôneur propre. Trop
moins vn Prince, qui en doit estre comme le temple, & mesmemént à l'endroit
de ses suicts, qu'il doit aimer comme
vn pere ses enfans, & penser comme vn
vray medecin, s'ils sont malades. Or voi
cy comme elle la tint & fit tenir au Roy
son filz. Elle met garde sur tous les pôts,
ports & passages des riuieres, à fin que
les Huguénaux ne se puissent reioindre,
obtient du Pape vne bulle des le mois
de Iuillet (la paix s'estoit faite en Mars,
& y auoit fallu du temps à solliciter la
bulle) pour vendre cinquante mille liures de rente du temporel des ecclesiastiques auec condition apposee, qu'ils se
roient emploiez seulement à l'extirpa-
tion

tion des Huguenots: ce que depuis blas-
ma fort le feu Chancelier de l'Hospital,
disant en plein conseil que cela preiudi-
cioit grandemét à la reputation du Roy,
d'autant que de là les estrangers conclu-
oyét que le Roy auoit faict la paix expres
pour tromper les Huguenots. Elle enui-
ronne les maisons du Prince de Condé,
de l'Admiral, & du Sieur d'Andelot, de
gens de pied pour les surprendre à poinct
nommé, les chasse de maison en maison,
leur dresse mille embuscades. En fin enuoye le Sieur de Gohaz en Bourgongne
pour se saisir du Prince de Condé, qui e-
stoit en sa maison de Noyers, & de l'Admiral à Tanlay par les moyés que lui bail
leroit le sieur de Tauanes. Aduint que
quelques letres du sieur de Tauanes furét prises & apportees au Prince de Condé, par lesquelles il l'aduertissoit en ces
mors, que la beste estoit aux toilles, & lui
demandoit le temps qu'elle vouloit que
on executast l'entreprise: sur quoy il partit la nuict, passa la riuiere de Loire à gay
auec sa femme & petits enfans, & se retira à la Rochelle qui seule estoit exempte
de garnison, ou il arriua enuiron le mois
de Septembre. Nous voici, comme vous

voyez rentrez en plus grands troubles
que iamais par la seule perfidie de ceste
femme, qui comme les malicieux barbiers ne veut iamais laisser reserrer nostre playe, afin qu'elle y gaigne tousiours.
Or voyez à quels moyens elle a recours
en ce regret enragé qu'elle a de n'auoir
peu executer son dessein. Les hommes
qui ont eu quelque peu de conscience
ont tousiours abhorré les trahisons : mais
entre toutes les especes de trahison, ont
estimé le poison si abominable qu'à l'endroit de leurs plus grands ennemis, ils

Empoison-
nemens &
assassinats

n'en ont voulu vser. A Catherine de Medicis ceci n'est que ieu. Elle enuoye des
Italiens pour empoisonner l'armee du
Prince de Condé & faire tout mourir en
vn coup, & donne à vn d'eux en vne fois
dix mille francs pour employer en matieres qu'il vouloit subtiliser à ceste fin.
Elle solicite des seruiteurs és maisons du
Prince de Condé, de l'Admiral & du
sieur d'Andelot pour faire mourir leurs
maistres par poison, en attitre d'autres
pour les assassiner, & à ceste fin leur promet presens & pensions. L'ordre mesmes
qui ne se souloit donner qu'à gens sans
reproche, par lequel on deuient frere
de

de Roy est promis à des traistres & assassins s'ils en peuuent venir à bout. En la
premiere bataille le Prince de Condé
fut pris accablé sous son cheual, & se rendit au seigneur d'Argence, qui lui promit sa foy qu'il lui sauueroit la vie. On
enuoye vn Monteschio Capitaine des
gardes du Duc d'Aniou, qui contre les
loix de la guerre, contre la foy promise,
de sang froid, sans respecter le lieu dont
il estoit issu lui donne par derriere vn
coup de pistolle dans la teste : tant elle auoit bien sceu pouruoir à tout euenement que ce poure Prince n'eschappast.
L'Admiral & le Sieur d'Andelot so frere
en eschappent. Ils sont tous deux peu de
iours apres empoisonnez en vn mesme
festin, dont l'vn mourut & l'autre fut extremement malade, & confessa celui qui
fut executé pour ce crime, qu'elle mesme lui auoit faict faire. Peu apres elle
faict suborner Dominico d'Alua, valet
de chambre de monsieur l'Admiral, qui
allant de sa part vers le Duc des deux
Ponts, auoit esté pris par les nostres, lui
fait bailler d'vn poison fort subtil dedás
vne escarcelle, & vne bône espee pour le
tuer de l'vn ou de l'autre selô qu'il trou-

ueroit mieux à propos. Le poure miserable fut defcouuert, conuaincu & executé publiquement apres auoir tout confeſſé. Pour cela ne ſe rebute elle point. Mau reuet entreprend de le tuer, ne le pouuât faire ſans grãd danger, pour ſatisfaire aucunement à ſa promeſſe, il tüe Mouy ſon capitaine & bienfaiteur. Elle lui faict dõner penſion ſur l'hoſtel de ville de Paris pour l'accourager à telles entrepriſes dõt il eſt deuenu grand ouurier depuis. Voila cõmment il n'y a moyens qui ne luy ſemblent honneſtes pour execrables qu'ils ſoyent, pourueu qu'ils luy ſeruent à exterminer ceux qu'elle hait. Et ne faut point nous abuſer ſur ce point, qu'elle les hait pour la religion. Quicõque ſe ſert de tels moyens eſt ſans conſcience & religion. On ne deuient point auſſi catholique en vn iour, comme vous l'auez veuë deuenir par la mort du feu Roy de Nauarre. C'eſt ſeulement vn deſir de vengeance qui la tient, vne haine de tous les grands, & de meſmes moyens la verrez-vous ſe ſeruir ci apres contre les meilleurs catholiques de ce royaume. Vient le Duc des deux Ponts auec vne armée de ſept mil Reiſtres au ſecours des Huguenots, dont la cauſe

ſ

cauſe auoit ſemblé iuſte à la pluſpart des Princes d'Allemagne pour les trahiſons qu'ils entendoyent, tendentes à exterminer ceux de leur religion. Feu monſieur d'Aumalle auoit vne armée ſur la frontiere, & luy eſtoit commãdé de la Roine de le combattre ſur le paſſage à quelque hazard que ce fuſt. Il aſſemble donc les principaux de ſon armee & leur en demande conſeil. Ils ne ſe ſentent point aſſez forts pour donner bataille, & trouuét eſtrange qu'on face ſi peu de difficulté d'haſarder la nobleſſe Françoiſe contre des eſtrangers, & tels principalemét que ils ne ſe pouuoyent desfaire ſans grande perte des catholiques, & desfaits ne diminuoyent point le nombre des Huguenots du royaume. Il eſt conclu apres pluſieurs diſputes qu'on ne les doit point cõbattre. La Roine lui en veut ietter le chat aux iambes, & en tient des propos d'eſãuentageux pour le mettre en la male grace du Roy ſon fils, tellement qu'on lui vouloit attribuer couuertement la priſe de la Charité, & tout le mal qu'auoyent fait les Reiſtres en ce royaume. Bref c'eſtoit poltronnerie que de ne cõſeiller de donner la bataille quand l'enuie en pre-

noit à ceste femme, & crime de leze maiesté de faire difficulté de hazarder la no
blesse de France à toutes restes, mesmes
iusques au mestier des pionniers. Et veut
on voir cela plus clairement? En ceste
troisiesme guerre plus longue & plus rigoureuse que les precedentes se donne-
rent deux grandes batailles, elle se trou-
uant de fois à autre és armees pour les y
acharner, si firent plusieurs rencontres,
escarmouches, sieges & autres faicts d'ar
mes, esquels plusieurs Seigneurs, Gentils
hommes & Capitaines moururent, tant
de l'vne que de l'autre religion. Qu'elle
se resiouist de la mort des Huguenots ie
ne m'en esmerueille point, encor que la
perte de beaucoup d'entreux fust verita-
blement à regretter, & qu'vn Prince qui
aime ses subiets ne puisse prendre plaisir
à leur mort, ores mesmes qu'ils l'ayent
bien meritee pire, comme nous voyons
vn Dauid pleurer la mort d'Absalon son
fils qui s'estoit ouuertement reuolté con
tre lui. Mais ie me rapporte à tous ceux
qui estoyét pres de sa personne, si iamais
on la vit marrie de la mort de quelque S.
Fraçois tué à son seruice, côme d'vn S. de
Martigues, d'vn Côte de Brissac, & autres
regretez

regretez d'vn chacu: si iamais on la vit af-
fligee du mal cômun, si onc on la vit es-
meuë d'aucune piteuse nouuelle, si au cô
traire on ne la pas tousiours veüe s'esiouir
ouuertement de la mort de trois ou quatre Huguenots, encor qu'elle eust esté a-
chetee au prix de celle de cent gentilshô-
mes Catholiques. Ceux qui lui en porto-
yét les nouuelles du camp le sçauét tresbien. Et d'ou peut-on dire que viène cela
sinon de dessein qu'elle a d'affoiblir nostre parti en exterminât l'autre & gaigner
tousiours par ce moyé de quelque part q̃
la perte tôbe? Il ne faut point s'esbahir si
elle aime ce ieu là, puis qu'elle ioüe si seu
rement, & aussi voyons nous qu'elle ne
veut faire autre chose. Si faut-il en fin a-
pres tant de mines de peuple, tant de gé-
tilshommes & soldats perdus, tant d'argent despendu, reuenir à parler de paix.
L'Allemaigne nous menace, l'Angleterre nous est suspecte, nostre armee pleine
de diuision & de ialousie, la noblesse re-
butee, le peuple las de fournir argent. A-
pres infinis traittez elle se conclud. Et
voici ce que nous gaignons par nos ru-
ptures de Paix. Il faut aduoüer que les
Huguenots ont pris les armes pour le

Paix de
l'an 70.

f

seruice du Roy (& par ainfi nous auons
tué fes feruiteurs) il faut s'obliger au payement de leurs Reiftres. Il leur faut permettre l'exercice de leur religion: & qui
plus eft, tant eft ia fufpecte la foy Royalle
tant de fois employee à tromperie par la
perfidie d'vne femme qui gouuerne, que
il leur faut bailler quatre villes pour ofta
ge & feureté de la Paix (car ie vous prie
qui s'y pouuoit plus fier) tellement que
toutes nos guerres font inutiles, & nos de
niers iettez à vauleau. Et ie vous prie, ne
euft-il pas trop mieux valu laiffer viure
vn chacun en paix dés le cômencement,
felon la forme que les eftats auoyent iu-
gé neceffaire pour le repos public, & cependant effayer de gaigner les Huguenots par fermons, remhonftrâces & admo
nitions que de s'entretuer & ruiner à l'ap
petit d'vne femme qui n'aime ne l'vn ne
l'autre, & n'a cure d'aucune religion. Or
fi iamais on deut garder vne Paix pour
refpect de la foy prômife, fans doute on
deuoit garder cefte-ci. Le Roy la iuree fo
lennellem'ent en plein confeil. La Roine
fa mere & meffieurs fes freres parcille-
ment. Tous les Officiers de la couronne,
les confeillers du priué confeil, les cours
de

de Parlement, le grand confeil, les gouuerneurs des Prouinces, les Preuofts &
Efcheuins de la ville de Paris. Toutes les
perfonnes bref, qui auoyêt quelque part
d'authorité publique au Roiaume. Lés
Princes d'Allemagne & la Roine d'Angleterre enuoyans vers le Roy ambaffa-
deurs honorables pour lui côgratuler fon
mariage auec la fille de l'Empereur, il
leur promet d'entretenir inuiolablemêt
cefte paix comme tref-neceffaire à la cô-
fernation de fon Roiaume. Il n'y a en fom
me forte d'affeurance qui ne foit employee pour la rédre tref-authentique. Vous
verrez par ci apres quel conte elle a faict
de faire defcrier entre toutes nations voi
fines la foy Royalle, & de faire tenir tous
les plus notables perfonnages de ce roiaume pour periures & infames, encor
que pour la plufpart ils n'en puiffêt mais.

La Roine de Nauarre, les Princes de
Nauarre & de Condé, l'Admiral & autres principaux chefs des Huguenots fe
renoyent à la Rochelle tandis que les ar-
deurs du peuple fe refroidiffoyent : par-
quoy y auoit peu de moyen de leur nui-
re. Donc ce malin efprit de femme qui
ne peut iamais auoir repos ne bien qu'au
e. j.

mal d'autrui, trouue moyē de s'employer à sō suiet accouſtumé, & faut à ruiner mō ſieur de Guiſe qui eſt à preſent, à peine eſchappé des dāgers de la guerre, en laquel le il s'eſtoit employé, comme chacū ſcair. Madame Marguerite ſa fille lui mōſtroit aſſez bō viſage, cōme à vn ieune ſeigneur fort agreable à vn chacun, qui auoit ia mōſtré beaucoup de preuues de ſa valeur & promettoit de grandes choſes à l'aduenir. Elle met en opinion au feu Roy, & à monſieur le Duc d'Aniou (depuis Roy de Polongne) qu'il vouloit faire l'amour à leur ſœur ſa fille, leur remonſtre qu'ils ne deuoyent pas endurer qu'vn tel petit galand, ainſi en parloit-elle, fuſt ſi preſumptueux que de pēſer eſpouſer la ſœur de ſon maiſtre, & leur fait ce cas ſi criminel qu'ils concluent qu'il le falloit ruer, De fait le Duc d'Aniou qui l'auoit aimé vniquemēt l'attend en vne gallerie, reſolu de lui donner d'vn poignard dedans le ſein quād il paſſeroit, dōt toutesfois il s'abſtint ſe reſouuenāt des ſeruices de ceux de ceſte maiſon. Et peu de iours apres le Roy meſmes importuné par la Roine donna vne eſpee & vn poignard à M. le grād Prieur ſon frere naturel, lui commāda quād il iroit

La Roine mere veut faire tuē M. de Guiſe.

il iroit à l'aſſemblee, de piquer touſiours tout ioignāt apres lui, & ſi M. de Guiſe ſe vouloit mettre entre-deux cōme il auoit accouſtumé qu'il print querelle à lui & le attaquaſt à bon eſciēt: meſmes le Roy lui bailla gēs pour le ſecourir ſi beſoin eſtoit. M. de Guiſe ne faut à ſe vouloir mettre entre-deux. Le grand Prieur fait mine de le choquer, toutesfois, ou que l'amitié anciēne, ou que l'euenement douteux le retinſt il ne paſſa point outre, dōt le Roy lui fit quelque temps mauuais viſage, & l'eut en mauuaiſe reputation, & la Roine dit, voulāt par la taxer ſa naiſſance, que c'euſt eſté merueilles s'il euſt faict beau faict. Ie vous prie, prenons le cas que M. de Guiſe (comme ieunes gens ſont prompts à eſperer) euſt pretendu à ce mariage, ſeroit-ce la premiere fois que la maiſon de Lorraine auroit eſté alliee à celle de France? L'eſt-elle pas encor à preſent? Et ores que non, ſcait-on pas que l'amour eſt vne eſpece de maladie qui n'a pas toutes les conſiderations du monde? Que bien ſouuent meſmes il marie les ſceptres auec les houlettes, les palais royaux auec les cabanes? Falloit-il prendre cela tant à la rigueur que de vouloir faire ainſi tuer

e.ij.

vn tel seigneur? Mais ce n'estoit pas là le
mal. Nous ne sommes pas si difficiles en
amours que nous en faisons le semblant,
nous n'y obseruons pas toutes les brefues
& les longues, comme nous voulons faire accroire : mais c'est vn ieune Seigneur
bien nourri, fils d'vn des plus grands Capitaines de nostre temps, qui mostre dés
ceste ieunesse vn cœur digne d'vn tel pere. Nous en voudrions estre despeschez.
La guerre ne la peu emporter, il faut trou
uer quelque autre occasion pour s'en des
faire. Voila le pere & le fils payez de leurs
seruices en mesme monnoye. Elle fut bié
aise de voir mourir le pere, & lui greue
de voir viure le fils. Retournons maintenant à l'entretenemét de la Paix. Le Roy
estoit sur le point de se marier auec la fille de l'Empereur. La Roine donc faict có
uier les chefs des Huguenots aux nopces
pour les y attraper: & peu apres faict escri
re (pour preuue de son intétion) vne lettre au Pape par le Cardinal de Sens qu'il
ne trouuast point mauuais qu'on eut fait
la Paix à telles conditions auec les Huguenots, que c'estoit pour mieux en venir à bout, & que si les principaux d'entre
eux eussent voulu se trouuer aux nopces
du

Huguen
conuier
aux nop-
ces du roy
à quelle
fin.

du Roy c'en estoit desia faict. Iuge vn cha
cun quel honneur eust esté à nostre Roy
de cõuier des personnes à ses nopces pour
les y massacrer, & quel plaisir on eust fait
à l'Empereur de consacrer les nopces de
sa fille par vne si meschante & abominable trahison. Or le peuple estoit encores
mutiné en quelques endroits, dõt ils pre
noyent excuse pour ne venir point à la
court qui leur estoit suspecte. Pourtãt tas
che-elle de l'appaiser par tout, & fait mine de vouloir punir les seditieux qui s'en-
hardissoyent pour l'esperance qu'on leur
dõnoit sous main, qu'õ vouloit seulemét
asseurer les Huguenots. Mais par ce qu'el
le cognoissoit bien q par ses actiõs passees
les presentes estoyét suspectes, & qu'elle
auoit ia acquis la reputatiõ de Clemét sõ
oncle, que promettãt quelque chose mes
mes en intétion de le tenir, on ne la croi-
oit plus, elle s'auise de faire iouer ce per-
sõnage au Roy qu'elle habilloit & faisoit
parler cõme elle vouloit, d'autãt qu'é tel
le ieunesse, ses paroles seroyét moins mes
creües de feintise & dissimulatiõ. Dõc elle lui fait mettre deux choses en auãt pro
pres sur toutes autres à trõper les Hugue
nots, cõme celle que plus ils desiroyét. La

Propos de
faire la
guerre en
Flandre.

e.iij.

guerre contre le Roy d'Espaigne pour recouurer les pais bas, & le mariage de Madame sa sœur, auec le Roy de Nauarre.
Lesquels deux poincts elle poursuyuit &
achemina d'vn mesme pas, tant qu'elle
fut paruenue à sa fin. Le Prince d'Orenge
chef de ceux qui s'estoyét esleuez és pais
bas côtre l'Inquisition & le gouuernemêt
des Espagnols, s'estoit retiré en sa maison
en Allemagne, & estoit instamment solici-
té d'accorder auec le Roy d'Espagne à
conditions assez auantageuses, lesquelles
l'Empereur moyéneur de cest accord lui
proposoit & promettoit lui faire inuiola-
blemét obseruer, tellement qu'il estoit à
demi encliné à les receuoir. Pour rompre
ce traité, elle fait que le Roy escrit vne lettre au Conte Ludouic de Nassau son frere, qui estoit à la Rochelle, par laquelle il
lui donne esperance de secours contre le
Roy d'Espagne, & le prie de se vouloir a-
cheminer vers lui pour entendre son intétion plus particulierement. Il part secretement & s'approche de Blandis en Brie,
ou estoit le Roy, qui le vint voir, peu accô-
pagné à Lumiguy, & de la s'en alla à Fon-
tainebelleau, ou le Coute Ludouic le fut
secretemét trouuer, & cômunica trois ou
quatre

quatre iours auec sa maiesté, laquelle lui
fit de si belles & grádes ouuertures, qu'il
conseilla au Prince d'Orége son frere de
ne prester plus l'oreille à ce traitté en com-
mencé auec le Roy d'Espagne, puis que si
belle occasion se presentoit de faire la
guerre. Mesmes retourné qu'il fut à la Rochelle, persuada à l'Admiral que le Roy
auoit grande enuie de ceste guerre, côme
il estoit à presumer veu les auantages qui
s'y voioyét, que la Roine estoit fort courroucee de sa fille morte de poison en Espagne. Le Roy des brauades qu'on lui a-
uoit faict à la Floride, & de ce qu'on vouloit eniamber sur ses preeminences, &
choses semblables. Dont l'Admiral se
laissa croire que le Roy desiroit la guerre contre l'Espagnol, & par consequent la
paix en son Roiaume selon vne maxime
qu'il auoit tousiours tenue, que pour bien
entretenir nostre paix il falloit donner de
la besongne aux gés de guerre contre les
estrágers. Enuiron ce téps aussi faisoit-on
traiter par le Card. de Chastillô son frere
le mariage de M. le Duc d'Aniou auec la
Roine d'Angleterre : mais côme il pésoit
s'en reuenir en France il fut empoisonné
par vn nómé Guillin son valet de châbre,

Cardin. de
Chastillô
empoisõ
né

c.iiij.

qui quelque têps auparauant auoit promis à la Roine de ce faire,&depuis execu
té à la Rochelle apres la S. Barthelemi en
qualité d'espió,côfessa qu'il auoit bié fait
pis,& qu'à la solicitation de quelques offi
ciers de la Roine qui lui en promettoyét
recompense, il auoit empoisonné son feu
maistre le Card. de Chastillon. C'est la recompense de l'hôme du monde auquel
par le passé elle auoit autât môstré d'ami-
rié,& non sans cause, car il lui auoit sauué
la vie en vne maladie qu'elle eut à Chaa-
lons,en laquelle chacun l'auoit abãdon-
nee côme morte, & auoit principalemêt
tenu la main à ce que pour sa sterilité elle
ne fust rêuoyee àFlorence. Or ce traité de
mariage sembloit aussi tendre à l'entrete
nemêt de la paix. Peu apres le Roy appel
le l'Admiral à la court sous couleur de la
guerre de Flandres. Il y vient à ceste espe
rance , accompaigné seulement de quarante cheuaux . Il fut proposé dés lors
de s'en despescher,& à ceste fin fut la
garde du Roy renforcee de quatre cens
Harquebuziers dedans la ville de Blois,
mais conclu d'attendre vne autre occasion pour en attrapper dauantage en vn
coup. Donc on suit tout le contrepied.

Le

L'Amiral en court.

Le Roy luy fait mille caresses: la Royne
plus que iamais ne luy en auoit fait , &
pour luy monstrer qu'on ne le paioit pas
de cela seulement: on se remet en luy de
toute la charge & côduite de ceste guer
re des pais bas. Ainsi il se retire bien con
tent en sa maison.

Le mariage de madame auec le Roy
de Nauarre , qui estoit l'autre esperance
des Huguenots s'acheminoit de mesme
pas. Le Roy & la Royne en monstroient
vne singuliere enuie , disans vouloir par
là marier les Catholiques auec les Huguenots: mesmes pour oster toute difficulté condescendoient facilement, à ce
qu'ils ne fussent point mariez selon la
forme ordinaire de l'Eglise Catholique
& Romaine, ne restoit plus sinon que la
Royne de Nauarre, y vint pour passer
les accords, & le Prince de Nauarre son
fils pour les noces. La Royne de Nauarre apres quelques delais y vient, & tost
apres fut le traité de mariage conclu.
Peu auant son arriuee se trouua le Cardinal Alexãdrin neueu du Pape dernier
mort,en Court, qui s'estoit hasté, la sen-
tant venir, pour tant plus facilemêt rom
pre ce mariage, & le dessein de la guerre

Propos du mariage de Mada-me.

de Flandres, & mesmes remettre le Roy
en guerre contre les Huguenau, ainsi
qu'il estoit enuoyé à cest effet.   Pour les
tromper, donc on fait en apparence peu
de conte de luy & de ses propositions,
mais secretemēt on l'asseure, que toutes
les mines qu'il voioit, ne tendoient qu'à
la ruine des Huguenots : nonobstant le
Roy entre bien aüant en matiere auec
le Côte Ludouic, qui estoit venu auec la
Royne de Nauarre : il propose au Roy &
à la Royne les intelligences & entreprises qu'il auoit sur plusieurs bonnes villes
de Flandres & Hainault, Le Roy luy pro
met secours de gēs de pied & de cheual,
en tel nombre, qu'il estimeroit suffisant.
Mande desplus notables gentils-hommes d'entre les Huguenots pour distri-
buer à chacun d'eux son entreprise, à executer, par les moiēs que le dit Côte Ludo
uic luy adresseroit. Enuoye Minguetie-
re en vne nauire de guerre, equippee en
apparēce en marchandise, remonstre les
descētes du Perou, fait ligue auec la Roy
ne d'Angleterre, lors mal d'accord auec
le Roy d'Espagne, promettant entre autres choses l'aider en son pais, au cas que
le Roy d'Espagne ne luy rēdist ses suiers,

&

Cardinal Alexādrin en cour.

Achemi-nemē̄ de la guerre de Flādres

& leurs biēs, si aucuns il en detenoit, trai
te vne ligue pareillemēt auec les Princes
protestās d'Allemaigne, solicite de Luc
de Florence par le moien de Fregoso, de
prester argent pour se descharger de la
guerre qu'il pouuoit craindre pour la du
ché de Sienne, fait dresser vne armee de
mer en Brouage pour assaillir le pais bas
par mer, enuoye mesmes vne honorable
ambassade au Turc, pour, si besoin estoit
l'enhorter à descēre en Sicile. Le bruit e-
stoit par tout les bas païs, q̄ le Roy fauori
soit le Prince d'Orēge côtre le Roy d'E-
spagne, dōt aduint q̄ le Conte de la mar
che parēt du Prince d'Orenge, ayant pris
la ville de Briel en Hollāde par vn desespoir, presque toute la Hollāde & Zelan
de sous espoir d'estre secourus du roy de
Frāce, q̄ armoit en Brouage se reuoltoit.
Les affaires ainsi auancees tout à coup, le
Côte Ludouic accōpagné de François,
aduoües par lettres du Roy, notāment de
Gélis & la Noüé, aiant enuoyé la veille le
Capitaine Poyet pour se saisir au poinct
du iour d'vne des portes, sous ombre d'al
ler vers le duc d'Albe, auec lettres du Roy
à cest effet, surprend Mons, & vn gentil-homme des sēs auec quelque nom-

Prise de Mons.

bre de François auſſi Valenciennes, qui
peu de iours apres fut repriſe par la Cita-
delle, principales villes & fortereſſes de
Hainault. Sur ceci le Roy préd occaſion
d'appeller l'Amiral en court pour luy
donner conſeil en ceſte guerre, & ſi toſt
qu'il eſt arriué, luy baille vn thréſaurier,
qui auoit charge de luy fournir deniers,
pour la conduite de ceſte guerre, monſeigneur le Duc d'Alençon en doit eſtre
le chef. Genlis reuient de Montz, parle
au Roy, obtient letres de ſa maieſté à
quelques gentils-hommes, pour y mener du ſecours, lequel fut desfait en chemin, & les lettres du Roy trouuees & por
tees au Duc d'Albe. Le Prince d'Orenge en ce meſme temps vient d'Allemaigne auec vne forte armee de Reiſtres,
dont partie des chefs eſtoient penſion-
naires & ſoudoiez du Roy, entre dedans
le Brabant, prend pluſieurs bónes villes,
eſt receu dedans Louuain, l'vne des capitales & dedans Malignes, où toutes les
munitions du pais eſtoient. Bref met en
peu d'heure tout l'eſtat du pais bas du
Roy d'Heſpagne en banſle de s'adioindre à ſon party. Tout ceci comme vous
voyez, vient de nos menees: & ie laiſſe à
penſer,

penſer à qui a vn peu d'entédemét, quel
gré le Roy d'Eſpagne nous en peut ſca-
uoir, & s'il la nous garde bonne à la premiere occaſion. Cependant on n'attendoit plus que le Roy de Nauarre pour ce
lebrer les noces: & cóme la pluſpart s'attendoit qu'on en iroit faire les danſes
aux pais bas, la Royne au contraire ſe
preparoit a y attraper les Huguenots.
Mais vn iour luy ſemble-il neceſſaire de
uant ce coup. Elle haiſſoit extrememét
la feue Royne de Nauarre, & cognoiſſoit de long temps ſon eſprit & ſon courage. S'elle la laiſſoit viure, apres auoir
maſſacré les autres, elle craignoit qu'elle luy fiſt encore de la peine. S'elle la faiſoit mourir au maſſacre qu'elle preparoit, ſous couleur de l'ancienne querelle
de meſſieurs de Guiſe, contre ceux de
Chaſtillon, elle n'y voioit point de cauſe
ſuffiſante, pour en remettre la faute ſur
ceux de Guiſe (car qu'auoient meſſieurs
de Guiſe à departir auec elle?) Auſſi e-
ſtoit-elle hors d'eſpoir de renger le Roy
de Nauarre ſon fils, tádis qu'elle viuroit,
& craignoit peut eſtre, que comme elle
eſtoit aduiſee & desfiante, elle ne s'ap-
perceut de l'embuſcade & la fiſt en vain.

Empoiſon
nemét de
la Royne
de Nauar-
re.

Pourtant a elle recours à maiſtre René
ſon empoiſonneur a gaiges, qui en ven-
dant ſes parfums & colets parfumez à
la Royne de Nauarre, trouua moien de
l'empoiſonner, de telle ſorte qu'à peu
de iours de là, elle en mourut : dont depuis il s'eſt oſé vanter, iuſques à dire, qu'il
auoit encor le cas tout preſt pour deux
ou trois autres, qui ne s'en deffioyent
pas. Or y auoit-il vne difficulté encores,
car le Pape auoit fait le reſtif à permettre la diſpence de matier les fiancez, con
tre la forme accouſtumee en l'Egliſe, &
ne vouloit condeſcendre le Cardinal
de Bourbon à les matier ſans diſpenſe,
crainte d'excommunication. Donc voyez ici quelle côſcience. La Roine feint
auoir receu letres de monſieur le Cardinal de Lorraine, comme la diſpence e-
ſtoit accordee, mais non encore expe-
diee, & que cependant on ne laiſſeroit
point ſi on vouloir, de celebrer le mariage, & monſtre ces letres fauſes & con-
trouuees à M. le Cardinal de Bourbon,
qui côdeſcendit de les matier ſelô la forme accordee auec les Huguenots : & furêt les noces celebrees le 17. d'Àouſt. Le
vêdredi enſuiuât, l'Amiral eſt bleſſé d'v-
ne har-

ne harquebuzade par Maureuet q pata-
uât auoit tué Mouy ſon Capitaine. Le
Roy, la Royne mere, Meſſieurs ſes freres
le viſitent. Elle ſingulieremêt fait fort la
courroucee contre les autheurs de ce
coup, & en crie plus haut qu'aucũ autre.
Cepédant, la nuict d'être le ſamedi & le
dimâche elle le fait tuer, auec tous ceux
qu'on peut attraper : deſquels y auoit vn
roole dreſſé, afin qu'il n'ê peuſt eſchaper
pas vn. En ce roole eſtoient des premiers
les quatre freres de Mômorenci, quoyq̃
Catholiques qui furêt ſauuez par l'abſen
ce du duc de Mommorenci aiſné, de la
maiſon, qui le iendi precedêt eſtoit allé à
la chaſſe. Le Mareſchal de Coſſé eſcrit le
9. en rég. & le ſieur de Birô & pluſieurs au
tres. De fait, on ferma la porte du Louure, afin qu'ils demeuraſſêt en proye, &
le ſire Claude Marcel rencôtrant le ſieur
de Toré l'aduertit qu'il ſe retiraſt promp-
tement s'il aimoit ſa vie, & qu'il ne faiſoit pas bon ce iour là pour ceux de ſa
maiſon. Et quand à M. le Mareſchal de
Coſſé, ſans les prieres de la damoiſelle
de Chaſteauneuf qui y employa ſon cre
dit enuers le Roy de Pologne, il y paſ-
ſoit côme les autres, côme auſſi le ſieur

de Biron, s'il ne se fust sauué en l'Arsenac. Le Roy de Nauarre fut sauué à la requeste de madame sœur du Roy sa nouuelle espouse. Le Prince de Condé par le Duc de Neuers son beau frere, qui remonstra, qu'il estoit ieune & delicat, & pourroit changer aisément d'opinion. Dieu qui ne voulut pas ruiner tout ce Royaume en vn iour, les exẽpte de cest horrible massacre. l'Amiral, la teste luy aiant premieremẽt esté couppee pour la porter à la Royne, fut porté au gibet de Mõtfaucon, où peu de iours apres, pour en repaistre ses yeux, elle l'alla voir vn soir, & y mena ses fils, sa fille & son gendre. Ie laisse à penser, combien telle veue estoit digne de tels Princes que ceux là, & a quelle intention elle les y menoit, sinon pour les accoustumer à toute cruauté, comme celle qui en a fait tel naturel, qu'il n'y a si cruel spectacle, ou elle ne prenne singulier plaisir, & ou elle ne vueille se trouuer. Plusieurs gẽtils-hommes notables, dont nous aurõs quelque iour grand besoin contre les estrangers, furent tuez: mesmes plusieurs bons Catholiques, comme entre autres mõsieur de Villemaur maistre des requestes, filz de feu

Catholiques tuez.

de feu Garde des Sceaux Bertandi, depuis Cardinal de Sens, & M. Rouillard cõseiller, clerc en la Court de parlemẽt, & chanoine de nostre dame, tous deux recognus d'vn chacun pour bõs Catholiques, mais ennemis de cruauté, iniustice & seditiõ, les coquins de la ville esmeus de l'exẽple & de la voix de ceux qui crioient, que les Huguenots auoyent voulu tuer le Roy, & de l'esperance du pillage, massacrẽt tout ce qu'ils rencõtrent, sans respect de sexe, aage ne qualité. La Royne mãde aux gouuerneurs, qu'ils aient à faire le semblable, és villes de leurs gouuernemens: ce qui se fit es capitales du Royaume tres-cruellemẽt, encore qu'en aucuns les bourreaux mesmes aimassent mieux quitter leur mestier, que de s'emploier à tuer de poures gẽs nõ condãnez de iustice. Qui plus en tue est mieux recõpensé. On en estrangle quelques vns en la prison, en faueur de ceux qui demãdoient les cõfiscations: nõmémẽt le Mareschal de Retz, fit tuer aux prisons du chastellet vn secretaire du Roy pour auoir sa terre. L'histoire de tout ce fait seroit longue, qui la voudroit deduire par le menu, i'en ay horreur, & chacun le

Conspiration faussemẽt mise sus

ſcait. Diſputer icy s'ils auoiét coniuré ou
nõ, cela eſt ſuperflu, toutes preſomptiõs
ſont alencõtre, il ne s'é eſt veu nul prepa-
ratif, nul ne s'y deffendit: & ceux qui cõ-
ſeillerent de prendre ce pretexte, dient
que ce fut vne belle inuention. Si ainſi
eſtoit, que ne leur faiſoit-on leur proces?
que ne faiſoit-on executer par iuſtice?
ceux qui les tuerent au lict, les pou-
uoient-il pas prendre? l'Amiral n'eſtoit-
il pas és mains de la garde du Roy depuis ſa bleſſeure, qui lui eſtoit donnee
contre les ſeditieux? y auoit-il ſi grand
nõbre d'Huguenots, que la ſeule garde
du Roy n'en peuſt eſtre maiſtreſſe? n'y a-
il point de peuple à Paris? n'y a-il point
de gens de guerre? Par ce moyen la reputation du Roy n'euſt point eſté reuo-
quee en doute entre tous les Princes e-
ſtrangers, ains tous à l'enui lui euſſent
preſté la main pour chaſtier les cõplices,
mais ce ſont les inuentiõs d'vn tyran Ma
ximin, pour exterminer les grans d'entre
le peuple Romain. La Royne eſt cõuain
cue par ſes propres letres, & celles qu'elle fit eſcrire au Roy ſon fils aux gouuerneurs des prouinces & places de ce Roiaume, & à ſes ambaſſadeurs, pour en faire re-

re recit aux Princes ſes voiſins, eſquelles
elle dit expreſſement, qu'elle eſtoit bien
marrie du cas aduenu en la perſonne do
l'Amiral & des ſiens, contre la volonté
du Roy & d'elle: mais que meſſieurs de
Guiſe, pour venger leurs vieilles querelles, auoyent forcé les gardes, que le Roy
luy auoit donnees pour ſa ſeureté, aidez
du peuple de Paris, tellement, qu'il n'y
auoit peu donner ordre. Ie les en ay fait
tous teſmoins. Les ambaſſadeurs meſmes me confeſſeront qu'ils rougiſſoient
de honte, quand quelques iours apres a-
uoir dit aux Princes, vers leſquels ils e-
ſtoient, que meſſieurs de Guiſe l'auoiét
fait, & en auoiét monſtré letres du Roy,
les mandemens changez, on les chargea
de dõner à entédre, que le Roy meſmes
l'auoit fait faire, pour cauſe d'vne cõſpi-
ration deſcouuerte côtre leurs maieſtez.
Ils ſcauét bien, qu'ils ne ſcauent par quel
bout cõmécer leur propos peur demétir
ce qu'ils auoiét parauãt dit. Ie vous prie,
examinons ce fait auec iugement, pene-
trons le pernicieux conſeil de ceſte femme, & voyõs s'elle téd à l'extermination
des Huguenots ſeulemét, ou de tous les
grans de ce Roiaume ſans eſgard de re-
f. ij.

ligion. l'Amiral conuié à la Court, aux
noces d'vne sœur du Roy, apres mille ser
mens & mille caresses y est massacré, &
auec luy les plus notables d'entre les Hu
guenots, qui auoient accōpagné le Roy
de Nauarre. Ie pourroi dire, qu'ō deuoit
respecter la foy Royalle, pour le moins
n'emploier pas les noces d'vne sœur de
Roy à vn si traistre & vilain acte. Mais ie
veux qu'il soit aucunement supporta-
ble, & qu'on n'ait pas deu auoir toutes
ces cōsiderations en la persōne d'vn A-
miral, q auoit esté cōducteur des armees
des Huguenots, qui s'en estoit porté
pour chef, & auroit par tels deportemēs
grādemēt irrité le Roy cōtre luy. Falloit-
il pour cela poursuiure la mesme vengeance sur toute la noblesse de ce parti,
qui pour la pluspart, nonobstant la di-
uersité de religion, estoit si affectionnee
au seruice du Roy, qu'elle s'offroit de fai
re la guerre au Roy d'Espagne, pour sō
seruice & à ses propres despens? Les falloit-il tuer iusques dedans la chambre
de la nouuelle mariee. Mais on me dira
que c'estoient gentils-hommes qui a-
uoiēt credit entre ceux de leur religion,
Chefs de part, qu'on appelle, qui eussent

sēt peu renoueller & ressusciter la guer
re qu'on vouloit amortir. Ie me veux tenir pour satisfait de ceste raison là. Falloit-il donques tuer tant de poures gens
à Paris? Falloit-il commander aux gouuerneurs de faire le mesme par les autres villes. Falloit-il tuer artizans, viel-
lards, femmes, enfans, toutes personnes
incapables d'armes, meues seulement
du desir de leur salut à suiure vne autre
religion? Mais en somme c'estoyent Hu
guenots obstinez en leur opinion, puis
qu'on ne pouuoit autrement, il en failloit exterminer la race. Ie ne puis certes
passer ce poinct si cruement, il y auoit e-
sperance de les gaigner d'autre façon:
& ie ne trouue point que iamais Princes vrayement Chrestiens en aient ainsi vsé enuers les Iuifs, Turcs & Sarazins
mesmes: & aussi s'est-il bien veu que les
bons Catholiques de France approuuo-
ient si peu ce fait, qu'aucontraire, ils
en ont sauué autant qu'ils ont peu. Mais
encore me veux ie contenter pour ceste
heure, de receuoir ceste desraisonnable
raison en paiement. Falloit-il donc y
comprēdre messieurs de Mommorēcy,
mōsieur le Mareschal de Cossé leur allié

f.iii.

principaux officiers de ceste couronne?
& monſieur de Biron, & autres ſeigneurs
qui eſtoiёt ſur le roole de ceux qu'on de
uoit maſſacrer? Ie vous prie tous, qu'a-
uoient-ils fait? enquoy les voulons nous
rendre coulpables? en quoy ſont-ils digne de ſi inique traittement?eſtoient-ils
Huguenots? au côtraire Catholiques, &
iamais ne furent autres: voire n'y a ſeigneurs en France, qui ayent côbatu plus
courageuſemёt qu'eux côtre les Huguenots. Ie ne veux point ramёteuoir, q̃ ſeu
M. le Conneſtable leur pere fut pris &
bleſſé en la bataille de Dreux, & y perdit
vn fils, & depuis bleſſé à S.Denis aagé de
80.ans, dont il mourut. Ie ſcai bien, que
les bons ſeruices des peres, n'excuſent
point les deſſeruices des enfãs:mais s'eſt
il donné bataille contre les Huguenots,
ou ceux de ceſte maiſon qu'on veut maſ
ſacrer n'aient eſté? n'aient eu des principales charges? ne s'en ſoyent acquitez à
leur honneur.Ne ſe ſoyent hazardez ſou
uent outre leur deuoir? qu'on en deman
de à tous les Capitaines de ce Roiaume,
que les armees en dient leurs aduis, que
les Huguenaux meſmes dient de qui les
coups leur ont ſemblé plus peſans. On
verra

verra ce qu'ils reſpondront. Et quãt à M.
le Mareſchal de Coſſé , qui a pluſieurs
playes ſur luy receues honorablement
és guerres paſſées contre les ennemis de
ceſte couronne, (Ie laiſſe là les ſeruices
du Mareſchal de Briſſac ſon frere, & du
Conte de Briſſac ſon neueu,qui eſt mort
contre les Huguenots) y a-il aucun qui
luy puiſſe deſrober l'honneur de la troi-
ſieme guerre: qui puiſſe nier, qu'il ne
ſoit cauſe de la plus part des bons ſuc-
cez que nous y auons eus? qui conſeilla
en la bataille de Mongôtour, où dix mil
le Huguenots furent tuez? qui en pluſieurs notables faits d'armes aucuns en
ceſte guerre ? Et que peut-on auſſi im-
poſer à monſieur de Biron , qui a auſſi
tant de fois haſardé ſa vie és guerres ciuiles, & ſi fidelement & heureuſement
auſſi conduit noſtre artillerie ? Ils ne
ſont pas voirement Huguenots , me
dira-on. Ils leur ont fait la guerre , ce
qui ſe peut : mais ceux de Mommorency, ſont proches parens & amis de
l'Admiral,& le Mareſchal de Coſſé leur
allié: voire mais poſons le cas qu'ainſi ſoit , que l'Amiral ait conſpiré , eſt
fiiij.

dit qu'il faille maſſacrer tous ſes proches
parens Catholiques? eſt-il dit qu'il s'en
faille meſme prendre aux alliez de ſes
parens? aux amis de ſes alliez? Que ſi le
Roy meſme luy a fait mille demonſtra-
tions d'amitié,ſi peu auãt ſa mort,il l'appelle ſon pere:eſt-il deffendu à ceux qui
naturellemét la luy doiuent,de luy mon
ſtrer quelque amitié?& qui eſt la maiſon
de France exempte de crime, qui eſt le
gentil-homme,qui eſchappe la corde, ſi
c'eſt crime capital, non ſeulement puniſ
ſable en iuſtice,mais ſans forme de iuſtice d'eſtre ami, parent, ou allié de l'Amiral,ou de ſes alliez, parens ou amis? Ou
eſt la loy entre les plus barbares du mon
de qui face executer,non les amis,mais
les enfans propres d'vn criminel de leze
maieſté:ſi eux-meſmes ne ſont conuain-
cus d'y auoir adheré?La cauſe donc n'en
giſt pas là , mais nous voulons exterminer tous les chefs de la nobleſſe, ceux
qui ſont nez grans, ou deuenus par nota
bles ſeruices d'eux ou de leurs predeceſ-
ſeurs,ceux qui pourroient legitimement
s'oppoſer à nos meſchancetez , ceux qui
par la bonté de leur naturel, ne peuuent
compatir auec nos deſloiautez & trahiſons.

ſons. Voila le but de noſtre Roine, voila
comme elle y tire: & pour y paruenir faut
il cõmencer par quelque bout. Elle a fait
mourir es guerres les plus proches du ſãg
Royal, & les chefs des maiſons de Guiſe,
& de Mommorency, l'vn Grand maiſtre
& l'autre Conneſtable de France, main-
tenãt elle veut exterminer ceux de Mõ-
morenci auec l'Admiral, & proteſter par
tout que ceux de Guiſe l'auront fair pour
leurs querelles particulieres. Or voici le
fond de la malice. A executer le maſſacre de Paris elle s'eſt ſeruie de monſieur
de Guiſe, comme de ceux qui par vengeance particuliere affectoyent la mort
de l'Admiral,encor qu'en icelle ils ſe gou
uernerent tellement que pluſieurs gétils
hommes Huguenots recognoiſſent auiourdhuy leur vie d'eux.Maintenãt qu'el
le en a faict,pour les rendre odieux à tous
les Princes eſträgers,elle les veut faire au
teurs de tout, & s'excuſer à leurs deſpés:
& par amſi les chaſſer de la court, non
point pour faire la bõne mine : mais pour
leur en fermer & barrer la porte incontinent qu'ils en ſeront partis,& que iamais
n'y puiſſent rentrer. Et peut eſtre apres
leur euſt-on fait leur proces, pour auoir

troublé le repos public, & forcé les gardes du Roy pour executer leur vengeãce. Trait que la Roine a bien retenu de son Marchiauelli. Or pense-elle que ceux de Mommorency qui sont eschappez sont si proches parens de ceux de Chastillon, & ont esté si bõs amis du feu Amiral qu'entẽdans que le Roy ne s'en meslera point ils ne faudront d'assẽbler leurs amis pour venger sa mort, comme ils auoyent esté fort irritez de sa blesseure. Les voila donc irrecõciliables, les voila en querelle pour leur vie. Au reste de quelque costé que la perte tombe, meure l'vn, meure l'autre, ce lui est tousiours autãt de gain & de passe-tẽps. Ainsi s'approche-elle tousiours du but ou elle pretẽd: mais Dieu qui ne veut point qu'elle y paruienne, ains semble a-uoir reserué ces deux maisõs, pour les reu nir en tẽps & lieu à la confusion de ceste maudite fẽme, cõseruatiõ d'eux-mesmes & restablissement de ce Roiaume: ouurit tellemẽt les yeux à M. de Guise qu'ils ne voulurent onc partir de la court q le Roy pour leur descharge, n'eust aduoüé tout le fait en plein Parlemẽt: & mesmes se rẽ contrãt depuis auec le Duc de Mommo-rẽcy lui voulurẽt bien declarer particulie-

reinent

remẽt que la Roine & nõ eux, auoit solici té Mõtreuel à faire le coup de l'Amiral, le Cõte de Rhets lui en portãt & faisant por ter la parole, & qu'encor qu'ils eussent oc casiõ de se resiouir de sa mort, cõme d'vn leur ennemi, si ne s'en fussẽt-ils pas voulu despescher de ceste façõ sans le cõmande mẽt expres de sa maiesté. Or voyez main-tenant cõme ceste fẽme se surmonte elle mesme en meschãceté. Nous sçanõs tous qu'il n'y auoit point de cõspiration. Nous l'auons tous veu signé de la main du Roy & de la Roine. M. de Guise sont sages, & ne veulẽt pas permettre qu'elle contente les Princes estrangers à leurs despẽs. Pour leur faire donc croire qu'il y en a eu vne, elle fait faire le pcés à Briquemaur, vieux gentil homme de septante ans, qui auoit vsé sa vie és guerres des feus Rois, auec reputation, & de Cauagnes conseiller en la Court de Parlement de Thoulouse, tous deux pris pẽdant les fureurs du mas-sacre. Premierement leur promet la vie, s'ils la veulent confesser de leur gré: à leur refus leur faict presenter la gehen-ne: n'y pouuant tirer autre chose, leur choisit des iuges pour les condamner, les quels eurent tant de conscience que de dire qu'ils n'y trouuoyent point d'occasion pour les faire mourir. Finalemēt leur en dōne d'autres faits à sa poste, qui pour donner quelque forme à leur proces, & s'en descharger à la posterité, trouuerent vne calomnieuse subtilité de les condamner pour crime de peculat, & larcin des deniers du Roy, que iamais toutesfois n'auoyent maniez: & neantmoins les firent executer cōme conspirateurs, encor qu'il n'y en eust tesmoignage ne par leur confession, ne par la deposition d'aucun autre. Et de fait ils protesterēt tousiours constamment iusques à la mort, à laquelle la Roine voulut assister, & fit assister le Roy, Messeigneurs, & le Roy de Nauarre, qu'ils n'en auoyent onc ouy parler, & qu'ils appelloyent de si inique sentence deuant le iuste iugemēt de Dieu. Ie scay que ce proces vous semblera estrange: mais plus estrange trouuerez-vous tantost celuy des Catholiques que n'agueres on a fait mourir. Vous auez veu comme elle a fait mettre le Prince d'Orenge & le Conte Ludouic en armes contre le Roy d'Espagne, leur a fait prendre plusieurs villes, a enuoyé les François à Monts aduoüez du Roy par lettres signees de sa main : maintenant

tenant qu'elle est venue au bout de son entreprise elle abandonne le Conte Ludouic, tellemēt qu'il est contraint de rendre à cōposition la ville de Monts qu'elle lui auoit fait prendre, & de se mettre es mains de ses ennemis, vers lesquels il trouua plus de foy qu'il n'eust faict vers elle. Car en ce mesme temps elle mande au sieur de Mandilo Allemant, qu'elle auoit fait appointer au Prince d'Orenge auec vn regiment de cauallerie, qu'il le tue, & se retire en France, là ou il aimera mieux, ce qu'il ne voulut faire : mais d'autāt qu'il voyoit bien qu'il ne seroit plus soudoyé du Roy s'il demeuroit là, aduertir le Prince d'Orēge de la belle commission qu'on lui donnoit, & se retira en Allemaigne, dont l'armee du Prince d'Orēge fut fort esbranlee, & lui en manifeste danger. Le mesme pratiquoit-elle auparauant par Schomberg qui deuoit aller au seruice du Prince d'Orenge, soudoyé du Roy, auec quatre mille Reistres pour le desfaire apres le massacre executé. Est-ce pas là tromper & trahir de tous costez sans aucune crainte d'infamie? voila par ce moyen deux ennemis pour vn, & si l'vn semble petit, vn Estat quelque fort qu'il soit

n'a point de petis ennemis, à plus forte rai
son deschiré comme le nostre. Or cōme
si tels torts estoyēt aisez à reparer pour ap
paiser le Roy d'Espagne qu'elle auoit atta
qué par surprise, contre la Paix, lors qu'il
estoit empesché contre le Turc , elle des-
pesche des compagnies sur les passages
pour tuer tous les François, qui selon la cō
positiō retournoyēt de Monts, ou le Roy
les auoit enuoyez pour son seruice. Ie demande si ceste guerre estoit iuste que ne
la-on continuee? que n'a-on suyuie l'espe
race qui y estoit? pour le moins pourquoy
tue-on si on ne la veut poursuyure , ceux
qui par expres commandement du Roy y
sont allez? Est-ce crime capital d'obeir au
Roy? d'aller à son seruice? d'y employer sa
vie à son mandemēt? Que si la guerre est
iuste, s'il n'y a occasion suffisante de rompre la paix, pourquoy la-on rōpue? Pourquoy les y a-on enuoyez ? Est-ce aux soldats ou aux Capitaines? Aux Capitaines,
ou au Roy d'examiner si la guerre est iuste
ou non? Est-ce si peu de chose de se rēdre
vn Roy d'Espagne ennemi? N'auōs-nous
pas assez esprouué ses forces? Les nostres
sont-elles augmentees depuis douze ans
que nous nous entretuons? Ou les sien-
nes

Veut faire tuer ceux qui retour nent de Monts.

nes diminuees par quelque notable perte
qu'il ait receüe ? Ie vous prie , ou sont au-
iourdhui les hommes pour lui resister, les
deniers pour les payer , les alliances pour
nous appuyer? mais nous ne nous souciōs
pas aux despens de qui nous faisons nos
vengeances , nous ne regardons pas qui
nous offensons, pourueu que nous tuons
ceux que nous desirons morts. Quand le
Roy d'Espagne deuroit enuahir ce Roiaume dés le lendemain desolé & vui-
de d'hommes, comme il est, il ne nous en
chaut pour cela , car autant nous est-il le
Espagnol que le François. Nous auons
autrefois bien proietté de mettre la France és mains du Roy d'Espagne contre la
Loy Salique auenant la mort de nos enfans. Pourueu que nous extirpions la noblesse, & contentions nos passions il nous
suffit , en aduienne apres ce qu'il pourra.
Le Roy d'Espagne est nostre gendre, aussi
peu lui tenons-nous la foy qu'aux autres,
& aussi en scaura-il bien payer vn iour ce
Roiaume: & Dieu vueille que les grans ap
pareils qu'il fait aiiourdhui ne tendent
point à se venger. La Roine d'Angleterre
est nostre voisine nostre bōne sœur, & alliee. Si auōs-nous tasché durāt la ligēe, en

lui parlant de mariage, de lui brouiller &
mettre en confusion tout son Roiaume.
Nous parlons d'alliāce aux Princes d'Allemaigne. Eux nous estimēt auiourdhuy
Schelmes, indignes de la communicatiō
Cath.n'en
tretient a-
mitié auec
aucun de
ses voisins & societé de tous hōmes. Les Suisses sont
nos plus anciens confederez: auiourdhuy
par nostre lascheté sont-ils sur le point de
nous abandonner pour s'allier au Roy de
Espaigne. Tous ceux qui veulent biē gou
uerner vn Estat le renforcent tant qu'ils
peuuent de l'amitié de leurs voisins. Iugez si ceste malheureuse femme iouë à au
tre ieu qu'à ruiner la nostre, quand tous
les iours elle leur donne nouuelles cau-
ses d'inimitié, de haine & de guerre contre nous.

Or cependant, voila ce semble le parti
des Huguenots ruiné. Les chefs par terre.
Le peuple demi massacré. Les villes repri
ses, ne leur reste presque que la Rochelle
pour toute retraite, qui crainte de massacre, n'ose receuoir garnison, & se tiēt sur
ses anciens priuileges. Ioint que le Roy
lui auoit du commencement escrit que
messieurs de Guise auoyent fait le rauage
de Paris, sans faire mention de coniura-
Siege de la
Rochelle. tion, Il la faut donc aller assieger. Et en
quelle

quelle façō? Ie vous prie, remarquez tousiours comme elle s'achemine à son but.
Elle y appelle toute la noblesse du Roiau
me de toutes parts, elle y faict marcher
tous les grans Seigneurs de France, messieurs de Guise, & partie de ceux de Mōmorenci, les Ducs de Longueuille, de
Bouillon & d'Vzes, tous les Princes du
sang: & afin que nul ne s'en excuse, Messieurs ses enfans propres. Et n'est point
pour estre simplemēt au siege, pour eston
ner les Rochelois, pour faire bonne mine:
ains au contraire on les y met à tous les
iours, à tous mestiers, à tous hazarts, tellement qu'il n'i a aucun qui ne s'apperçoiue
qu'on a enuie de s'en desfaire. Messieurs
de Guise en pourroient que dire, qui sca-
uent quel conte on fit de la mort de feu
M. Daumalle. Les gētils-hommes scauēt Le Duc
d'Aumale
tué.
ĝls regrets on faisoit de la mort de leurs
semblables. Cestui-ci auoit bien faict de
s'y faire tuer, car aussi bien deuoit-il plus
que son vaillant: il auoit faict son Testament auant que departir. Ceux qui y esto
ient entendent ce que ie veux dire. On
scait mesmes le conseil qui fut tenu d'y
celebrer vne autre S. Barthelemi, en laquelle estoient comprins le Roy de Na-

g.i.

Propos de
maffacrer
quelques
Seigneurs
Catholi-
ques à la
Rochelle.

uarre, le Prince de Condé (qui toutesfois
y faifoyent leur mieux, les Ducs de Longueuille & de Bouillon, monfieur le Marefchal de Coffé, le fieur de Mera, le fieur
de Biron, le fieur Strozzi colonnel de l'in
fanterie : de plufieurs autres qui hazar-
doyent tous les iours leur vie auffi auant
qu'aucuns autres. Tout cela, fuyuant les
memoires & inftructions de la Roine me
re & de fon Conte de Rhets (qui cependant s'efpargnoit à la Rochelle) que
tant qu'il y aura des grands en France,
aimez de la nobleffe, le Roy y aura des
contrerolleurs:& par tant que par vn moyen ou par autre il les faut exterminer, &
ceux qui les fuyuent, & que pour cela ne
aura-on point faute de nobles: qu'il y a
affez d'Italiens & de François de baffe
condition, que par ce moyen ils oblige-
royent pour tenir tous les fiefs du Roiaume. C'eft vn propos qu'on a affez foufflé
aux oreilles de nos Rois: & Dieu vueille
que nous ne les voyons point du tout executer. Finalement apres y auoir perdu la
fleur des foldats & Capitaines, & plufieurs gentils-hommes de nom, apres a-
uoir furchargé le peuple de nouuelles e-
xactions pour maintenir ce fiege, fi nous
faut

faut-il leur rendre la paix, leur confirmer
leurs priuileges & accorder leur religion.
Et euft-il pas bien efté plus court de les
laiffer en repos, veu qu'ils ne nous pouuoyent mal faire, que d'y faire mourir
inutilement tant de gens de bien? Au
retour de ce fiege, les Seigneurs & gen-
tils-hômes Catholiques eftoyent pour la
plufpart rebutez des guerres ciuiles, & ne
s'y employoyent plus qu'à regret: les Huguenots fi affoiblis & abbatus qu'ils ne
demandoyent que de viure en liberté de
leur confcience en quelque tollerable
repos. Le poure peuple (en plufieurs villes)commençoit à s'ennuyer des grandes
charges de la guerre, & à fe plaindre des
tailles & fuccides, Notamment en Languedoc, Guyenne, Dauphiné & Prouen-
ce, encor que ces Prouinces n'en fuffent
pas fi chargees que quelques autres. Toute la France en general defiroit que les E-
ftats fuffent tenus pour prouuoir aux ne-
ceffitez du Roiaume. La Roine mere pref
que feule de fon opinion, les fuyoit comme vn examen de fon gouuernement, qui
auoit mis le Roiaume en euident danger
de ruine. Or eftoit-il dangereux de les re-
fufer, crainte d'irriter le peuple. Donc elle

Deffi des
Eftats, fur
quoy elle
propofoit
de les af-
fembler.

en donne esperance, & les assigne à Com-
piegne, à certain iour, auät lequel elle delibere de troubler le Roiaume, de telle sor
te qu'il n'y eust plus aucun qui osast, ou
peust parler de les tenir. Que si elle y e-
stoit contrainte par l'instance du peuple,
se resout d'y appeller tous les grands, qui
ne pouuoyent refuser d'y venir, & y celebrer sur eux vne autre S.Barthelemi. Pour
en tenir apparence, elle ne faict pas tenir
les Estats particuliers és Prouinces pour se
preparer & dresser les cahiers pour les Ge
neraux : car craignoit-elle que Catholiques & Huguenots, veu leur disposition
ne s'y accordassent pour le bië commun.
Mais elle enuoya par maniere d'acquit
certains gentils-hommes s'enquerir des
plaintes du peuple pour les lui rapporter.
Voyez cependant ce qu'elle pratique, Il
me semble que ie voy son oncle Clement
promettre le Concile & entreietter tousiours des guerres entre les Princes Chrestiens de peur qu'il ne se tienne. Elle com
mande aux sieurs de Pui-gaillard & l'Au-
dereau de dresser vne entreprise sur la vil
le de la Rochelle. Ce qu'ils font, & ayant
pratiqué plusieurs soldats & bourgeois de
la ville, deuoient faire acheminer les gar-
nisons

Entrepri-
se fut la
Rochelle
pour trou
bler les
Estats.

nisons, de S.Iean, Niort & Angoulesme à
la prochaine reueüe, en vne nuict iusques
à la Fonds village prochain, & entrer au
poinct du iour en la ville par vne porte,
que les intelligences de dedans leur deuoient tenir ouuerte. Au temps qu'elle se
deuoir executer: se trouuoient le feu Roy
& la Roine à Chantilli, pour se saisir du
Duc de Mommorenci en sa maison propre, se mettoit le feu à vne trainee saicte
contre le Mareschal de Damuille, qui en
fit executer aucuns des ouuriers sous ombre d'auoir entreprins sur la ville de Môt-
pellier, ou lors il estoit, se despeschoient
commissions de leurs gens de guerre par
toute la France, sous pretexte de la guerre de Languedoc, encor que la trefue ne
fust finie, pratiquoit le Conte de Rhets v-
ne leuee de Reistres en Allemaigne moiennant 400000. liures qu'il y auoit portez, dont partie fut depuis liuree au Conte Ludouic pour faire la guerre au Roy
d'Espagne, & surprendre Mastricht & An
uers ville & chasteau. Dieu voulut qu'vn
gentil-homme de la menee, qui entendit
le massacre general qui s'en ensuiuroit, &
le total aneantissement des plus grandes
maisons de ce Roiaume, de la religion

g.iij.

Catholique, deſcouurit l'entrepriſe aux
Rochellois par deux lettres qu'il leur en
eſcriuit, dōt ils ſe tindrēt ſur leurs gardes,
& ſaiſirent quelques vns des complices.
Que faiĉt la deſſus noſtre bonne Roine?
Auez-vous pas ouy, comme elle commāda qu'ō tuaſt les Huguenots qu'elle auoit
mis en beſōgne, au retour de Mōts: main-
tenār elle eſcrit à ceux de la Rochelle que
il n'y a riē du faiĉt du Roy, ne d'elle, & leur
mande par M. de S. Supplice qu'ils ne lui
ſçauroient faire plus grand plaiſir que de
punir à toute rigueur ceux qu'ils en trou-
ueroient coulpables, comme infraĉteurs
de paix & perturbateurs du repos public.
Eſt-ce pas belle recompenſe de leur bonne volonté? Hazardez voſtre vie à ce qu'el
le vous commāde. Voſtre entrepriſe reuſ-
ſit-elle en vain, elle vous fera pendre. Et
toutesfois tous confeſſoiēt que la menee
venoit d'elle. Et de faiĉt, ſur les ruines de
ceſte-ci elle en rebaſtit vne autre dés le
lendemain, & pource en fit eſcrire au fils
d'vn qui auoit eſté Maire à la Rochelle,
lequel n'eſtoit point encor deſcouuert.
Or encor qu'elle n'ait pas pris la Rochelle, ſi ne la-elle pas entrepriſe en vain. Elle
craignoit l'aſſemblee des Eſtats. Les Huguenots

guenots prennent les armes en Poitou
pour ſauuer leur vie, & à leur exemple
quelques autres en Normādie, qui ſe ſen-
toient en danger, tellement que le Roiaume eſtant ainſi troublé, voila vne ex-
cuſe qui ſemble legitime pour ne les aſſembler.

Iuſques ici s'eſt-elle aucunement maſ-
quee du faiĉt de la religion, ne ſe pre-
nant direĉtement qu'aux Huguenots, encor que ceux qui la regardoient de pres
veiſſent bien l'hypocriſie au trauers de
ſon maſque. Maintenant que les grands
du parti des Huguenots ſont preſque tous
eſteints, & qu'il ne reſte plus qu'vne bien
petite poignee de gens, elle ſe prend &
attaque direĉtemēt aux Catholiques meſ
mes: mais non pas à tous tout enſemble,
car il faut que les vns lui ſeruent de bourreaux à executer cruellement les autres.
Les bons Catholiques de France auoyent trouué fort mauuais qu'au lieu de
maintenir & entretenir, comme il appartient, la Paix faiĉte & iuree ſi ſolennelle-
mēt, d'attirer les Huguenots par preſches
& admonitions, & reunir le peuple par
vn bon Concile, comme de tout temps
s'eſt faiĉt, on euſt eu recours à cruautez,

g.iiij.

desloiautez & trahisons, qui auoient rendu la France & les François odieux à tout
le monde. Et de faiét, en la plus grande
fureur des massacres, les plus zelez auoient sauué ceux qu'ils auoient peu, dont
elle repetoit souuēt, qu'elle n'eust iamais
pensé que le Roy eust eu de si peu affectionnez subiets, & qu'elle eust pésé qu'à
son commandement ils eussent tout tué
sans aucune exception, tellemēt que qui
s'enquerra de ceux qui en ont esté exe-
cutéurs, excepté ceux qui y exerçoient
leurs vengeances particulieres, ni trouuera que des belistres qui attēdoient du bu-
tin, & ne se soucioient d'ou il en pourroit
venir, & quelques renieurs de Dieu & cō-
tépteurs de religion, qui y tuerēt des Catholiques parmi les autres, ou pour leurs
biēs, ou pour inimitié ou proces qu'ils eussent auec eux. Notāment la Roine q sca-
uoit biē combiē la plus part des grās de ce
Roiaume abhorroiēt telles & si horribles
meschancetez, ne leur auoit osé commu-
niquer sa menee. Seulement choisit-elle
le Duc de Neuers, & le Conte de Rhets
pour toute la conduite, gens veritable-
ment dignes d'vne si haute & magnani-
me entreprise, tous deux estrangers qui
ne

ne pouuoient estre retenus par affection de leur patrie, Italiens qui font gloi-
re de trahir, tuer les gens au lict, par derriere & en toutes sortes dauantage, l'vn
de la maison de Gonzague de tout tēps
alliee des Espagnols cōtre ce Roiaume,
& encore auiourdhuy luy mesme pésion
naire du Roy d'Espagne. L'autre vilain
tout outre, paruenu par maquerellages
& ruffianeries, qui ne desire que l'extermination de la noblesse ennemie de sa
vilenie, & n'a point de honte, estant deuenu si riche en ce Roiaume, de tirer encore pésion du Roy d'Espagne. Mesmes
quand le Roy parla premierement à M.
de Guise de tuer l'Amiral de telle façō,
on scait bien qu'il respondit, qu'il ne pouuoit entrer en son cœur de s'en venger
ainsi, mais que s'il plaisoit à sa maiesté,
cōme elle en auoit puissance, les mettre
eux deux en vn champ cappe à cappe,
Dieu monstreroit par l'euenement, qui
auroit eu le tort ou le droit: tant que par
importunité on l'y fit condescēdre auec
protestation, que ce feroit pour obeir au
Roy: & de fait il sauua plusieurs gentils-
hommes, & empescha qu'en son gouuernemēt massacre ne se fist. Mais il y auoit

des seigneurs entre les autres, qui depuis
auoient fait ouuerte demonstration de
trouuer ces extremes cruautez mauuai-
ses, & qui suioyent la Court, de peur de
sembler participer à ces pernicieux con
seils: ioint qu'ils auoiēt tout clairemēt ap
perceu au siege de la Rochelle, où ils s'e
stoient trouuez, qu'il ny alloit plus de la
religiō, que le masque estoit descouuert,
& qu'ō ne cerchoit qu'à faire mourir, qui
par vne façon, & qui par autre, toute la
noblesse du Roiaume. De ceux cy, e-
stoient messieurs de Mommorēci, monsieur le Mareschal de Cossé & autres,
qui pour n'auoir trēpé leur consteau au
sang Fraçois si euidemment qu'on eust
voulu, & ne s'estre obligez au parti de
la Roine par quelque insigne malefice,
estoiēt tenus du rēg d'ennemi capitaux,
& d'eux & de leurs seruiteurs & amis
principaux, se vouloit-on deffaire du
plustost qu'il seroit possible. On les auoit
Entreprise cōtre ceux de Mōmorenci & autres. failli dés le iour S. Barthelemi: depuis
Montreuel assassin, gagé de la Roine a-
uoit eu charge a Fōtaine-belleau de tuer
le Duc de Mōmorenci, vne autre fois l'a
uoit attēdu auec quelque nōbre de cheuaux dedās la forest de Soissons: pareille
ment

mēt si on eust esté cōtraint de tenir les E-
stats à l'instāte requeste du peuple, auoit
elle cōclu de les y attrapper. En fin enuiron ce tēps, ils viēnent trouuer le Roy, q
les mene aū bois de Vincēnes, sa maiesté
les y appellāt pour s'y seruir d'eux, disoit
elle, à l'establissemēt de son Rōiaume: nō
qu'ils ne cognussēt biē la volōté de leurs
ennemis, mais d'autāt qu'ils s'appuioyēt
sur leur innocēce, & remettoient le reste
en Dieu, qui en seroit le protecteur, puis
qu'il plaisoit à leur Prince les appeller
pour leur declairer sō intētion & scauoir
leur aduis en chose, de laqlle depēdoit le
salut vniuersel de leur patrie. Vne chose Entreprise sur le Mareschal de Dāuille.
seule retardoit d'executer l'ētreprise sur
leurs psonnes: c'est q̃ M. le Mareschal de
Dāuille estoit en Lāguedoc, q l'ētendāt
auoit des moyens en main, pour s'en re-
sentir. Il auoit enuoyé le sieur de Mōta-
tere sō maistre de camp, pour soliciter le
Roy d'ēuoyer secours d'argē̄ & d'hōmes
en Lānguedoc, pour y faire la guerre aux
Huguenots. La Roine au cōtraire luy res
pond, qu'il ne failloit parler que de paix,
qu'à quelque prix que ce fust, le Roy la
vouloit auoir, & qu'elle prioit M. de Dāuille de s'y employer de tout son pouuoir, & en prendre l'aduis du Cardinal

d'Armignac refident en Auignon. Peu
de iours apres enuoya elle, les Sieurs de
S. Supplice, & de Villeroi fecretaire des
commandemés vers luy, fous ombre de
traiter de paix, mais en effet, pour traiter
auec les fieurs de Ioyeufe, Maugeron &
Fourquenaux vne entreprife pour fe fai
fir de fa perfonne & le prendre mort ou
vif. Pendant qu'elle fe mene, le Roy re-
commande toutes les affaires à M. de
Mômorêci, luy remet tout en fes mains,
le prie cõme le plus fidele feruiteur qu'il
ait cognu en fon Roiaume & qu'il aime,
non comme beau-frere, mais cõme frere propre, d'auifer au moyen de pacifier
fon eftat. La Royne femblablemét, que
le Roy ne fe veut plus gouuerner, que
par fon aduis, que tels articles qu'on pro
pofera, tels eft-il deliberé d'accorder à
fes fubiets, qu'en fomme, il le conftitue
arbitre de tout. Cela dura quelque téps
en cefte façon, cependant, le Roy, qui de
puis le voyage de Vitri, où il fut conduire le Roy de Pologne, auoit eu affez peu
de fanté, commence de plus en plus à fe
trouuer mal & à s'attenuer & decheoir.
Les medecins prennét mauuaife opiniõ
de fa maladie, & foit, qu'ils y iugeaffent
du poi-

du poifon terminé, ou autrement (on ap
pelle de la faufe d'vn brochet) affeurent
la Roine, qu'à toute peine paffera-il le
mois d'Auril. Ses deuins aufquels elle
adioufte grande foy le luy conferment, à
ce changement faloit-il pourueoir de
bonne heure. Or auoit-elle de long téps
apperceu que Monfeigneur le Duc fon
fils condamnoit les trahifons & cruautez, & trouuoit mauuais, qu'on fift fi peu
de conte d'exterminer la nobleffe, &
qu'à cefte fin on entretint les guerres ciuiles au dommage de tout le peuple, &
ruine ineuitable prefque de ce Roiaume. Pourtant haiffoit-elle ce naturel genereux, ouuert & vrayement François,
incompatible auec le fien, qui ne prend
plaifir qu'à ruine & defolation. Dauantage voyoit-elle, que le Roy venant à
mourir, comme y en auoit apparence,
le gouuernemét du Roiaume luy appartenoit en l'abfence du Roy de Pologne,
cõme plus proche du fang, & lieutenant
general du feu Roy en toutes les terres
de fon obeiffance. Que le Roy de Pologne d'euft eftre fi toft de retour y auoit
peu d'apparence, car les Polonnois luy
auoient fait promettre auât fon couron

Calõnies
pour ren-
dre odi-
eux M. le
Duc, &
pourquoy.

nement, qui pour quelconque occasion que ce fust, mesmes auenant la mort du Roy son frere, il ne les abandonneroit point. Ils auoient fait beaucoup de frais, auant que de l'auoir peu amener là, ils sont gens, qui veulent qu'on leur tienne ce qu'on leur promet. Le chemin est lõg, sa personne debile, & au reste le hasard non petit, de partir de là sans leur dire à Dieu. Donc pour pouuoir retenir le gou uernement en ses mains, & en frustrer Monseigneur le Duc son fils, auquel les loix du Roiaume & toutes anciénes cou stumes le defferét, elle delibere de bõne heure, de le rendre odieux aux Catholi- ques par calomnies & faux bruits, & sur le téps que les Huguenots auoiét repris les armes, seme qu'il auoit intelligence auec eux, & sous ceste couleur fait oster les armes à ses gardes, le fait tenir de pres, & le garde comme prisonnier au bois de Vincennes, & auec luy le Roy de Nauarre. Cela ne s'appelloit pas pri- son, car le mot eust esté trop odieux, mais en somme, il ne pouuoit sortir qu'a uec garde de gens, ausquels il estoit bien recommandé, n'osoit parler à personne, & estoit espié iusques à conter ses pas & ses

Captiuité de M. le Duc.

ses paroles. Tant plus le Roy s'affoiblit, tant plus trouue-elle de couleurs pour le reserrer. Dont ce ieune Prince, ma- gnanime & courageux, voyant que sa propre mere luy tenoit si estrange ri- gueur, entre en tel desespoir qu'il se re- soult de se retirer vers le Conte Ludo- uic de Nassau, auec quelque petit nom- bre de ses domestiques. Ce qu'il luy fai- soit choisir ce parti plustost qu'aucun autre, comme de se retirer en Angle- terre, où on auoit nagueres encore par- lé de le marier, estoit qu'il ne se vou- loit point retirer en lieu, où sa demeu- re peust estre suspecte, quelque ligue qui y peust estre, ains où il peust faire seruice agreable au Roy son frere. Car enuiron ce temps, le Conte Ludouic auoit vne armée d'Allemans, sur les marches de Brabant soudoyee des de- niers du Roy, que le Conte de Rhetz luy auoit portez tout freschement pour faire la guerre au Roy d'Espagne, & a- uoit receu la somme de deux cens qua- rante mille francs dudit Côte de Rhetz, qui auoit charge de luy bailler cent mil- le escus, & garda le reste pour ses espin- gles. Mesmes par permissiõ de sa maiesté

M. le Duc delibere se retirer vers le Cõ te Ludo- uic.

deux mille hommes de pied François,
s'acheminoient à son secours, les gouuerneurs de Metz, Thou, Verdum, & au
tres principales frontieres, les laiſſans ſor
tir des compagnies auec leurs armes,
pour aler ſeruir le Roy, ſons la charge du
Capitaine Bratzet gentil-homme Alle-
man, & du ſieur Etſche: ſuiuant ce qui a-
uoit eſté à diuerſes fois traité auec ledit
ſieur Conte Ludouic par Ieã Valcas, Fra
goſe, & auec le Roy au nom du Prince
d'Orenge, par le ſieur de l'Humbres. Or
ceſte entrepriſe eſtant deſcouuerte, ſer-
uit de tenir ce poure Prince encore ſerré
de plus pres. Mais au lieu d'en publier la
verité elle perſeuera à ſemer mille calomnies, comme ainſi ſoit, qu'elle ne ten
diſt qu'à s'aſſeurer de ſa perſonne, auenant la mort du Roy. De fait au meſme
temps, elle ſe ſaiſit du Roy de Nauarre
ſon gendre, & par ce que le Prince de
Condé eſtoit en ſon gouuernement de
Picardie, où parauant le Roy l'auoit enuoyé, encore qu'il n'euſt rien de cõmun
auec ceſte entrepriſe, elle mande à M. le
Cardinal de Cregni & à M. de Creue-
cœur lieutenant dudit Prince, qu'ils euſſent à le prendre dedans Amiens où il
eſtoit

eſtoit, & eſcrit au Maire de la ville, qu'il
euſt à y tenir la main par le moyé du peu
ple, tellement que s'il ne s'en fuſt douté,
tant par les propos qu'il entédit du cout
rier, que par les preparatifs qu'il en ap-
perceut, il eſtoit priſonnier comme les
autres. Donc il ſe retira à ſa maiſon de
Muret, faiſant ſemblât d'aller à la chaſſe, & entendant là, que Monſeigneur le
Duc, & le Roy de Nauarre eſtoient priſonniers, print le chemin d'Allemaigne,
& paſſant par Fere, aduertit le ſeigneur
de Thoré, qui entendant qu'on s'eſtoit
ſaiſi & ſe ſaiſiſſoit-on encore des ſeruiteurs de Monſeigneur le Duc, & de tous
ceux qui auoient eſté plus pres de ſa perſonne, penſant bien, qu'il ſeroit des premiers pourſuyui, ſe reſolut de ſortir du
Roiaume. Voila en ſomme la verité du
fait, & n'y eut onc autre deliberation.
Vous voyez comme cela s'accorde auec
ce qu'on en veut faire croire. Vne grande conſpiration dient-ils, a eſté deſcouuerte. Monſeigneur le Duc ſe vouloit
retirer auec les Huguenots pour troubler le Roiaume. Par ce moyen le voila pour eſtre odieux à tous les Catholiques. Il y auoit deſſein de véger la S. Bar-
h. j.

thelemi dedans Paris, & le iour de Paf-
ques durant la grand meſſe, on deuoit
mettre le feu en diuers endroits de la vil
le, & reduire peſle-meſle tout en cen-
dre. Par ce moyen le voila odieux à la
ville capitale du Roiaume, & par vne
conſequence à toütes les autres. Ainſi
pretend-elle paruenir à ſon deſſein. Les
Huguenots lors qu'on les voulut maſſacrer auoient conſpiré, auſſi ont-ils
maintenant ces poures Princes, par ce,
qu'on les veut tenir priſonniers & auoir
leur vie entre mains, pour en diſpoſer ſe
lon qu'on verra plus propre à maintenir
la tyrannie. Vous veiſtes executer publiquement. Briquemault & Cauagnes,
pour coulourer la côſpiratiô de l'Admiral & iuſtifier la S. Barthelemi, auſſi auez
vous veu executer le Conte Coucônax,
le ſieur de la Maule & autres pour dôner
couleur à l'empriſonnement de ces poures Princes. Ie vous prie examinons ſou
gneuſemêt ce fait, & ne nous laiſſons pas
abuſer aux premiers propos qu'on peut
ſemer. Ouurôs les yeux, & q̃ les illuſions
de ces enchanteurs ici ne nous facêt pas
voir vne choſe pour vne autre. Si ceſte
conſpiration eſt vraye, nous nous deuôs
tous

tous employer à ce que grieue punition
de tels côſpirateurs ſoit faite: mais s'elle
ſe trouue fauſſe, c'eſt à nous à empeſcher
q̃ nos Princes ne ſoyent oppreſſez de ca
lomnie, c'eſt à nous à leur ouurir les priſ-
ſons, à leur oſter les fers des pieds, à les
remettre au reng qu'ils doiuent tenir.
Pour cela portôs-nous les armes: & pour
tant eſt-ce à nous auſſi de diſcerner le
faux pretexte de leur priſon, d'auec la
vraye cauſe, la calomnie d'auec l'accuſ-
ſation, la couleur du droit d'auec l'euident tort qu'on leur fait. Monſeigneur
le Duc, dient-ils, s'entend auec les Huguenots, par le conſeil du ſieur de Thoré, du Viſconte de Thurenne, du Conte de Cocônace & du ſieur de la Maule.
Côſiderez, ie vous prie, quels côſeilliers
il a choiſi pour ceſt affaire. Le ſieur de
Thoré, fils de feu M. le Conneſtable, qui
s'eſt trouué en toutes les batailles contre les Huguenots, qu'il n'y-a aucun qui
n'aduouë eſtre vn des plus affectiônez &
deuotieux Catholiques de ce Roiaume.
Le Viconte de Thurenne ſon neueu ieu
ne ſeigneur, inſtruit Catholiquement
dés ſa ieuneſſe, qu'ô vit dernieremêt faire merueilles au ſiege de la Rochelle.
h.ij.

Refutatiô
des caloni
nies.

& pour recōpenſe, on la fait pourſuiure
cēt lieues, par le ſieur de Maguaue pour
l'attraper. Le Conte de Coconnaz, qui
s'employa autant ardément qu'vn autre
au maſſacre S. Barthelemi, & qui fut con
ducteur de toutes les mines qui ſe firent
à la Rochelle, dōt n'y auoit celuy, qui ne
l'eſtimaſt digne de toute recompenſe.
Le ſieur de la Maule, qui y fut bleſſé
deux fois, qu'on ſcait auoir eſté ſi aſſidu
à la meſſe, meſmes au milieu des ar-
mées, & en la corruption de la Court,
que s'il euſt perdu vn iour, il euſt penſé,
que quelque grand mal-heur luy en euſt
deu aduenir. Ie parle de perſonnes co-
gnues d'vn chacun, & ne di choſe, que
tous ceux qui ont vn peu hanté la Court
ne me aduouent: mais par ce que Monſeigneur le Duc les aimoit, il les y failloit
meſler des premiers. Voila-pas ie vous
prie, des perſonnes qui l'ont peu conſeil
ler de s'entendre auec les Huguenots?
Et à quoy tendoit ceſte intelligence? à
bruſler, diſent-ils la ville de Paris, en ven
geance des maſſacres des Huguenots.
Ceux qui toute leur vie ont fait guerre à
toutes reſtes, qui ont au haſard de leur
vie touſiours trauaillé à les exterminer,
veulent

veulent maintenāt expoſer leur vie pour
les venger. Voila vn autre cas biē croyable. Et puis, s'ils euſſent eu ceſte volonté,
s'en fuſſent-ils pris aux bourgeois de Pa
ris, entre leſquels ils ont les amis ſans nōbre de toutes qualitez, qui n'auoient veu
les cruautez qu'à regret, & d'entre leſquels ne s'y eſtoit employée que la ra-
caille? Eſtoit-il pas plus raiſōnable de ſe
deffaire (s'ils auoient telle intention) de
trois ou quatre eſtrāgers qui en dōnetēt
le cōſeil, en firēt la menee, & partie de l'e
xecutiō? Mais peut eſtre, eſtoit-ce choſe
facile à faire dedās Paris. Iugez le. En la
plus peuplee ville de la Chreſtiēté, pleine de gentils-hōmes & de gēs de guerre
en tout tēps, en laquelle vn ennemi, ſi on
luy en ouuroit les portes feroit difficulté
d'entrer auec quarante mille hōmes. Ie
vous prie, quels preparatifs a-on trouuez
de telle entrepriſe? car s'elle ſe deuoit executer (ainſi qu'ils dient) le lendemain
qu'ils furēt pris, ils n'ont garde d'en rien
eſcrire de peur de ſe cōuaincre eux-meſ
mes de mēſonge, mais ils ſe cōtentēt de
trōper le peuple par les bruits qu'ils en ſe
mēt par les places & marchez. A-on deſ
couuert nōbre de ſoldats extraordinai-

b.iij.

tes en la ville? Ie m'en rapporte au conseil de la ville, qui a accoustumé de receuoir particulierement aduertiſſement de ceux qui arriuét en chaſque quartier. A-on trouué des armes cachees chez ceux qu'on a pris? Des feux gregois, des artifices, ou choſes ſemblables? A-on bref deſcouuert en quartier, rue, maiſon de toute la ville, apparéce aucune de ce qu'ils veulent faire croire au peuple pour luy rendre odieux ce poure Prince qui l'aime & tous ſes affectionnez ſeruiteurs? On me dira que Meſſieurs de la Court de parlement n'auroient pas condamné telles gens ſans legitime occaſió. Qui penſe cela ne conſidere bié que c'eſt de tyrannie. Noſtre vie nous eſt plus chere que celle d'autruy. Peu y en a-il au monde de ces genereux, qui oſent refuſer de condamner vn innocent à mort, quand pour les y forçer, on leur tient le couſteau ſur la gorge. Mais enquerez vous de Meſſieurs de la Court ſur quoy ils leur ont fait leur proces, s'ils ont rien confeſſé de ce qu'on leur met à ſus, s'ils en ont ouy vn ſeul teſmoin, s'ils en ont trouué aucune coniecture ou preſomption. Il n'y a celuy d'eux, qui ne

ne vous die à part que non. On peut penſer, ſi ceux qui ont leurs biens, femmes & enfans & leurs perſonnes meſmes à Paris, euſſent de bon cœur fait le proces de ceux, qui y auroient voulu mettre le feu: au contraire, leur eſtant commandé par expres, de les faire mourir, ils enuoyerent par deuers le Roy, luy remonſtrerent, qu'ils ne trouuoient point en eux de cauſe ſuffiſante pour les condamner, qu'ils les auoiét ſondez & examinez à part ce qu'il eſtoit poſſible, mais n'en auoient peu tirer autre choſe, ſinon qu'ils auoient eu volonté d'obeir & ſeruir à Móſeigneur le Duc leur maiſtre, en la deliberatió qu'il auoit priſe de ſe retirer vers le Cóte Ludouic, & que d'autant que le Roy ne l'auoit iamais declaré ſon ennemi, ils ne pouuoiét en ſaine conſcience ſur ceſte ſimple confeſſion les condamner à mort. Si faut-il, reſpondit la Royne, qu'ils meurent, autrement le Roy n'en ſera pas content: voila pas vne belle façon de proceder. Or à qui veut faire mourir quelqu'vn ne manque iamais occaſion. Elle trouue donc ce bel expedient pour ſoulager les cóſciences de Meſſieurs de la Court,

h.iiij.

que puis qu'il ne tenoit à autre chose que
ils ne mouruffent, le Roy leur declairoit
qu'il auoit toufiours tenu le Côte Ludouic de Naffau pour fon ennemi. Et de
fait , fait expedier letres fignees de la
main du Roy, qui furét mifes au fons du
fac du proces pour leur defcharge. Et fur
ce furent condamnez ces poures gétils-
hômes comme crimineux de felonnie,
fans fpecifier le vrai fondemét de leur
proces, crime capital du vaffal enuers fó
feigneur, pour les rendre d'autât plus o-
dieux à vn chacun. Confiderez ici com-
bié auiourdhuy vne Court de parlemét
eft contrainte de ployer fous la tyrannie.
La loy condamne à mort, ceux qui fe re-
tirent vers l'ennemi. Il eft vray : mais il
faut qu'il foit tenu & declairé pour tel.

Examine
ce proces.

Mais quand les cours de parlement, qui
le doiuét fcauoir, comme celles qui ont
vies d'hommes entre leurs mains igno-
rent, que le Conte Ludouic foit ennemi
du Roy, le conte de Coconnaz, la Maule
& les autres gentils hômes particuliers,
feruiteurs affectionnez à leur maiftre,
peuuent-ils pas à bon droit l'ignorer? Et
quand au contraire, au lieu de guerre
ouuerte, ou fait d'hoftilité: ils voyét que
le

le Roy lui enuoye tous les iours ambaffa-
deurs de qualité pour traiter de leurs fecretes intelligences , en reçoit ordinaire-
ment des meffages , lui fournit deniers
pour faire vne armee de Reiftres contre
le Roy d'Efpagne fon beau frere, par les
mains d'vn Conte de Rhets, d'vn Marefchal de France , de celui qui eft plus pres
de fa perfonne, lui fait appointer des Co-
lonnels & Reittmeiftres fes péfionnaires
par Fregofe, defgarnir Mets, Thou, Verdum & autres places de la frontiere pour
le fecourir (ie ne parle point des entrepri-
fes fur Maftricht & Anuers ville & cha-
fteau qui leur pouuoyent eftre fecretes)
ont-ils pas occafion de croire que le Roy
le tient pour fon ami, & de fuiure leur maiftre, fe retirant vers lui? Mefmement fca-
chans bien qu'auant la iournee S. Barthelemi le Roy auoit propofé à Môfeigneur
le Duc de le faire chef de la guerre qui fe
negocioit contre le Roy d'Efpagne es pais
bas par le moyen du Prince d'Orenge &
du Conte Ludouic fon frere , & que tout
fraifchement la Roine lui en auoit encor
tenu propos, ni auoit point vn mois, fuyuant les propofitions dudict Conte Ludo
uic? Il fera donc licite toutes & quantes

fois qu'on voudra faire mourir quelqu'vn
de dire qu'il aura communiqué auec vn
ennemi du Roiaume, & de declairer quel
qu'vn de ses amis ennemi exprès pour le
condamner à mort. Que ne fait-on donc
le procès au Mareschal de Rhets, à Ga-
leaz Fregose & tant d'autres, qui lui ont
conté l'argent en ses mains pour faire la
guerre? Sont-ils pas trop plus coulpables
que ces poures gentils-hommes ici? S'en
peuuent-ils aucunemét excuser si on leur
tient telle rigueur? Si ce n'est qu'il y ait au
tre loy pour ces estrangers, que pour nos
Princes en nostre Roiaume mesme : &
qu'aux vns innocence soit crime capital,
& aux autres vn crime capital trouue lieu
d'innocence? En somme il failloit qu'ils
mourussent malgré toute iustice : car la
Roine vouloit faire croire que ce poure
Prince auoit conspiré sans aucune apparence, afin de le rendre odieux à vn chacun, & d'auoir couleur de le tenir en estroi
te garde auenant la mort du Roy qu'on
lui annonçoit estre prochaine.

Or ceci n'est pas encor assez. Si elle
tient Monseigneur le Duc son fils prisonnier, auenant la mort du Roy, les principaux Officiers de la couronne s'y pour-
ront

ront opposer, d'autant que de droict le
gouuernement du Roiaume luy appartient, attendant que le Roy de Pologne
vienne, & ne voudroyent, ce doute-elle
endurer qu'elle acheuast de ruiner ce
poure & desolé Roiaume de France, par
ses cruautez & meschancetez ordinai-
res. Il est donc conclu de se saisir de leurs
personnes, afin qu'aucun ne reste, qui ait
seulement la hardiesse d'ouurir la bouche pour alleguer les anciennes Loix pra
tiquees de tout temps en ce Roiaume.
Desiatiét-elle les Mareschaux de Mommorenci & de Cossé à la Court & comme entre ses mains; mais il faut premier
que de leur mettre la main sur le collet,
sçauoir des nouuelles de l'entreprise faite sur la personne de monsieur le Mareschal de Damuille leur frere & allié. Sur
ces entrefaictes donc arriue vn courrier
de Languedoc, qui luy rapporte que l'entreprise est fort bien dressee, tellement
qu'il n'en peut aucunement eschapper.
Dieu voulut qu'estant sur le chemin il fut
aduerti de l'embuscade, & tourna bride
incontinent. Cependant la Roine qui le
pensoit tenir, faict prendre en vn matin
les Mareschaux de Mommorenci & de

Priso des Maresch.

Sr. Dauil-le a auerti de l'emba scade.

Coſſé, & conduire de ce pas à la Baſtille, le tabourin battant par irriſion & auec pa rolles iniurieuſes du peuple, comme con tre gens infames & treſcriminéux: & en meſme inſtant on depeſcha quelques cō pagnies pour ſe ſaiſir de monſieur de Me ru leur frere & gendre: mais il eſtoit peu auparauant ſorti de ſa maiſon, & ſe ſaiſit on de tous ceux de leurs domeſtiques que on peut attrapper. Si vous demandez que ont fait encor ces poures Seigneurs pour eſtre traitiez de telle façon, on vous reſ pondra encor qu'ils ont conſpiré contre leurs maieſtez, qu'ils ont entrepris contre la perſonne meſme du Roy, voila comme elle en a faict eſcrire le Roy aux Gouuer neurs par toutes les Prouinces. Et vous en verrez les apparences. Vous pouuez à peu prés calculer combien il y a que ceſte me nee de prendre M. le Mareſchal de Dam uille ſe braſſa. Si c'eſt pour ceſte conſpira tion qu'on la voulu prendre comme les autres, ainſi qu'ils veulent donner à entē dre, elle eſtoit donc deſcouuerte auant qu'on donnaſt charge de le prendre. Si el le eſtoit deſcouuerte, le Roy par raiſon s'en deuoit garnir, pour moindre choſe a il renforcé ſes gardes. Pour le moins ne deuoit

deuoit il pas mettre ſa vie és mains de qui la lui vouloit oſter. Or voyez s'il s'en garde, s'il s'en desfie, s'il en a la moindre opinion. Durant tout ce temps monſieur de Mommorenci eſt pres de S.M. au bois de Vincennes, va ou il lui plaiſt, faict tout ce qu'il veut, commande aux gardes de la perſonne du Roy, qui ont expres commā demét de lui obeir, a les clefs du chaſteau en ſa puiſſance, donne le mot du guet, a toute telle authorité que peut auoir vn Conneſtable, meſmes le propre ſoir auāt qu'il fuſt pris. Eſt-ce pas tendre la gorge à qui la lui voudroit coupper? Eſt-ce pas ſi nous donnons lieu à leurs menſonges, ſe mettre és mains des conſpirateurs, & par maniere de dire cōſpirer contre ſoy-meſ me? Eſt-il croyable que qui a telle opiniō ſur quelqu'vn ſe puiſſe tellement fier en lui? Au contraire la Roine le cognoiſſoit ſi homme de bien qu'elle s'aſſeuroit que iamais ne lui entreroit au cœur d'abuſer de telle puiſſance: & la lui permettoit ex pres pour lui oſter toute desfiance, atten dant l'heure qu'on le vouloit prēdre: tout ainſi que ſur le temps que l'entrepriſe de la Rochelle ſe deuoit executer, qui de uoit eſtre ſuyuie d'vn maſſacre general.

Notamment des Seigneurs dont est que-
stion. Le Roy & la Roine couchás à Chan
tilli, maison du Duc de Mommorenci, ni
voulurent auoir autre garde que la sienne, pour monstrer combien ils se fioyent
en sa preudhomie. Par là est-il facile à iuger s'il a conspiré, ou si on a conspiré contre lui. Et quant au Mareschal de Cossé,
qui a faict tant de seruices. en paix & en
guerre, és guerres estrangeres & ciuiles, &
au Mareschal de Damuille qui a faict si
rigoureusemét la guerre aux Huguenots
de Languedoc, quelques occasiõs de mes
contentement qu'il eust, qui seul de tous
ceux qui ont fait la guerre depuis deux
ans auoit force villes, qui y a hazardé sa
personne & perdu M. de Candalle son
beau frere, qui maintenant au mandemét
expres de sa maiesté ne tasche qu'à pacifier son gouernemét, à l'occasiõ dequoy
on lui tend ce piege. Que leur peut-on
mettre sus à tous deux, dequoy les peut-
on taxer, sinon qu'ils sont Mareschaux de
France, principaux Officiers de ceste cou
ronne, qui selon leur charge doyuét tenir
la main à ce qu'il soit gouerné comme &
par qui il appartient ? & qu'on pense que
pour le bié de leur patrie, auenant la mort
du

du Roy, ils y employeront leur authorité ?
Que peut-on pareillemét imputer à mon
sieur de Meru Colonnel general des Suisses, qui s'est trouué en toutes les batailles
ciuiles auec reputation, au siege mesmes
de la Rochelle, apres la sainct Barthelemi, ou il faillit estre tué, sinon qu'il est fils
d'vn Connestable de Fráce, & d'vne mai
son qui de long temps a manié les affaires
de ce Royaume, au contentement d'vn
chacun, laquelle on veut maintenant exterminer ? Or Dieu soit loué que le Prince
de Condé s'est sauué, lequel la Roine ne
veut pas approcher si peu de la couronne, & que le Mareschal de Damuille a e-
sté aduerti à téps de l'embuscade qui l'attendoit. Car ie ne scay certainement que
ceste Medée eust faict de ces poures Princes, & ne doute point que nous n'eus-
sions veu de piteux & miserables spect a-
cles & quelque nouueau Sainct renommé par quelque carnage de gentils-hom
mes Catholiques, bons amis & fidelles
seruiteurs de ceux qui sont prisonniers,
& peut estre tost apres fust-on venu aux
autres.

Or le trentiesme iour de May, le Roy
vient à mourir la Roine tout incontinent

Mort du
Roy.

se va mettre dedans Paris au Louure auec
ces Princes, & faict griller feneſtres, condamner portes, fermer aduenues, redou-
bler gardes, afin qu'ils n'en puiſſent eſtre
tirez : retient bref tout le gouuernement
du Roiaume en ſes mains, & s'en faict appeller Regente. Iugez par la fin ou vous la
voyez paruenue la verité de tout ce que
ie vous ay diſcouru par ci deuär. Ie pourroy ici diſcourir que par noſtre Loy Salique les femmes peuuent auſſi peu regir &
gouuerner ce Roiaume, qu'en pretendre
la ſucceſſion : que quand le contraire s'eſt
faict ç'a eſté par vn abus tout manifeſte,
dont nous auons touſiours porté la peine,
& que l'importäce publique ne giſt point
en ce qu'vne femme eſt appellee Roine,
ou porte vne couronne, mais en ce que le
plus ſouuent elle gouuerne tout à l'appe-
rit des immoderees paſſions qui la peuuët
emporter, & du premier qui a la ſubtilité
de ſe mettre par quelconques ſeruices en
ſa bonne grace, comme nos hiſtoires teſmoignent. Mais prenons le cas que les rigueurs des femmes ayent lieu en ce Roiaume, & que quelques malheureux exem
ples doiuent eſtre tirez en conſequence :
eſt-il loiſible de ſe declairer regent ou regente

---

gente ſoy-meſme? N'y a-il qu'à le faire
eſcrire par vn ſecretaire ſur les pacquets?
ou ſuffit-il de dire comme le Pape Iean
23. Ego ſum Papa? Ie vous prie qui a declairé la Roine mere regente de ce Roiaume? Eſt-ce le Roy deffunct? Il eſt bien
poſſible que comme de ſon viuant il n'a
parlé ქ par ſa bouche, elle ſe ſoit fait declairer telle à ſa mort. Ie ne doute point
qu'elle ne l'ait tät importuné ſur ſes der-
niers ſouſpirs qu'elle n'en ait tiré quelque Ouy, pour donner couleur à ſon audace. Et de faict, il appert par la declaration qu'elle en a fait publier, qu'elle fut
declairee Regente par ſa bouche, le propre iour qu'il mourut, encor ქ pour trom
per le peuple elle ſe face de prime face
declater Regente, à cauſe de ſon indiſpo
ſition, la maladie eſtant ia deſeſperee, &
lui proche de ſon dernier ſouſpir. Mais
prenös le cas que le feu Roy euſt fait teſtament, ce qu'il n'a point, qu'il l'euſt ſi-
gné, qu'il fuſt bië authentique, qu'en ice
lui il l'euſt ordönee Regëre, a-il en aucu
ne puiſſance de ce faire? Les Regëces ſe
donnent-elles, ou ſe donnerët elles onc
par teſtament? Voici le poinct. Les Rois
ſont eſtablis de Dieu pour adminiſtra-

i.j.

réuts des Roiaumes. Tandis qu'ils viuēt
ils font part de ceste administration à
leurs suiets: les bons par vn legitime con
feil, par l'aduis duquel ils iugēt des me-
rités & capacité d'vn chacun : les mauuais à l'appetit des passions, ou d'eux-
mesmes, ou dē ceux qui les possedent,
preferant bien souuent le meschant au
bō, & l'incapable au capable. Encor cela est-il aucunement à supporter : mais
ouit-on iamais dire qu'vn Roy mourant
donnast à quelqu'vn l'administratiō de
son Roiaume qu'il va perdre? Ou vn frere ordonnast en son testament vn procu
reur à son frere qui de droict lui succe-
deroit, encor que de son viuant il eust
puissance d'aliener son biē, ce que n'ont
pas nos Rois sans le consentement des
Estats? Qu'vn Euesque decedant nom-
mast vn Oeconome ou dispensateur des
biens de l'Eglise à son successeur ? Que
quelqu'vn, bref, peust estre administra
teur, Euesque, Roy, apres sa mort? C'est
vne moquerie toute euidente. Les Rois
mesmes lors qu'ils sont prisonniers ne le
peuuent faire, d'autant qu'on presume
tousiours que leur volonté est captiue a-
uec leur personne. Ainsi voyōs nous que
le

le Roy Iean, prisonnier en Angleterre, ne
Frāçois premier à Madril en Espagne ne
pouruoioyēt point à l'administration de
leur Roiaume: mais pendant la prison de
Iean, les Estats y pouruoioyēt: & pendant
celle dē François, la Regente qu'il auoit
mesmes declaree lōg tēps auāt sa prison
est sur le poinct d'estre deboutee. Tādis
donc q le feu Roy a vescu elle peut auoir
eu quelque couleur de gouuerner, & si
pēdant sa maladie il le lui auoit recōman
dé, ce gouuernemēt lui pouuoit estre tel
lemēt quellemēt acquis iusques à sō dernier souspir. Mais auec le feu Roy, est mor
te & enseuelie sō authorité, auec lui sont
morts, les mādemēs qu'il a dōnez, & ainsi q̄ par la mort du mādateur ou du maistre, tous mandemēs, toutes procuratiōs
sont abolies, & la puissance de les dōner,
deuolue au successeur, ainsi toute la puis
sance qu'il pourroit auoir dōné à la Roine mere pēdant son viuant est aneantie,
& toute son authorité retombee au Roy
de Pologne son heritier & successeur.
Est-ce donc de par nostre Roy qui est
en Pologne qu'elle s'attribue sa Regence ? Si elle a eu quelque blanc signé de
sa main pour autres affaires, elle pourra

peut eftre, biē l'auoir rempli de ce qu'elle aura voulu pour tromper le peuple:
mais dés le lēdemain prefque de la mort
du Roy. Ie dy dés le troifiefme de Iuin
fe mit-elle pas en pleine poffeffion de ce
nom? fe fit-elle pas declairer Regente
publiquement par ces belles lettres de
declaration, vn mois auant que noftre
Roy lui euft peu enuoyer fon pouuoir de
Regente? Et ores que maintenant il lui
en euft enuoyé cōfirmation que peut-on
autre chofe péfer, finon que voyant que
elle l'auoit vfurpec, il a craint s'il la lui
denioit qu'elle n'euft le moyē de lui faire vn mauuais tour, ainfi que fouuent les
fages font mine de donner liberalemēt
aux perfonnes, ce qu'ils ne peuuent o-
fter. Quelqu'vn me pourra dire que la
Court de Parlement la lui aura peu accorder ou confermer. Moins encor y a
elle de puiffance. Au contraire, il ne fe
trouuera point que les Courts de Parlement de ce Roiaume ayent iamais eu
aucune authorité au cas dont eft que-
ftion. Et y a bien dauantage: car elles ne
ont plus aucun pouuoir, ne peuuēt plus
iuger perfonne, ne faire aucun proces.
Bref elles font abolies & mortes entie-
rement,

rement, tant qu'elles foyent confirmees
en corps par lettres de confirmation du
nouueau Roy, & comme remifes en vie:
ou s'il eftoit longuement abfent, par v-
ne affemblee d'Eftats. Il n'y a confeillier
en la Court qui ne m'aduoüe ce poinct,
& qui ne l'ait toufiours veu ainfi prati-
quer. Comment donc pourroyent meffieurs de Parlement la confermer en v-
ne telle authorité, veu qu'ils n'en ont du
tout point? veu qu'ils ne font plus? veu
qu'ils font morts auec le Roy & ne peuuent reffufciter que par lettres confir-
matiues du Roy qui eft en Pologne, ou
des Eftats? De dire que ça a efté à l'inftan-
te priere de Monfeigneur le Duc, & du
Roy de Nauarre, c'eft pour tromper les
petits enfans. On fcait comme ils font
tenus efclaues. Qui a le corps prifon-
nier ne peut auoir la langue libre. Les
grilles, les gardes, les cloftures portent
tefmoignage contre-elle de ce que ie
dy. Mais noftre Roy eft abfent & loin, &
ne pourra pas, peut eftre, fi toft reuenir,
dont y auroit danger que les chofes ne
vinffent en confufion fi quelqu'vn n'a-
uoit le maniement des affaires. Ie l'accorde. Et tresbien auffi ont pourueu nos

Les Parle-
mens ne
font plus
Parlemés.

i.iij.

Loix à tels inconueniens: c'est que comme de tout téps à esté pratiqué en changement de Roy, ou longue absence de nos Rois, les Estats soyent deüement assemblez, & selon leur puissance declairent vn Regent & luy attribuent pour son conseil gens de bien & capables, pour par l'aduis d'iceux regir & gouuerner le Royaume. Quand le Roy Iean fut pris deuant Poitiers & mené prisonnier en Angleterre, dient nos histoires, Charles Duc de Normandie son fils aisné (comme Lieutenant general qu'il estoit du Roy Iean son pere) assembla les trois Estats pour pouruoir au gouuernement pendant sa prison. Lesquels deüement conuoquez & legitimement assemblez à Paris le declairerent & firent publier Regent du Royaume: & ordonnerent qu'on seelleroit de ses seaux: & parauant qu'il fust declairé tel par les Estats, ne s'appella que Lieutenant du Roy son pere, comme il estoit parauant la prison d'iceluy: bien qu'il fust son fils aisné & maieur d'ans. Auant que le Roy s'acheminast à la conqueste de Milan, l'annee qu'il fut pris deuant la ville de Pauie, il auoit laissé & constitué Mada-

Regents donnees par Estats en l'absence des rois.

Annales du Roy Iean.

Martin du Bellay liv.

me Loyse de Sauoye sa mere pour Regente & gouuernante. Ce neantmoins les plus grands du Royaume, & messieurs du Parlement, & de la ville de Paris, solliciterent Monseigneur Charles Duc de Vendosme d'entreprendre le gouuernement, comme plus proche du sang qu'il estoit lors, tant par le bas aage des enfans de France, que par l'absence du Duc d'Alençon, & reuolte du Duc de Bourbon, & luy promirent de tenir la main à ce que les Estats fussent assemblez, & de negocier à ceste fin auec les autres principales villes du Royaume de France, pour le faire declairer Regent, ainsi que de droict luy appartenoit. Et n'eust esté qu'il aima beaucoup mieux quitter son droict qu'en le poursuyuant estre cause de quelque (peut estre) nouualité, les Estats s'en alloyent pour le declairer Regent. Si estoit elle toutesfois faire Regente auant la prise, & n'estoit pas de si dangereuse nature que ceste-ci, & ne tenoit pas aussi les Officiers de la Couronne prisonniers, ains se gouuernoit en partie par leur conseil. Ce sont exemples de nostre temps, & de fraische memoire.

Qui les recerchera de plus haut, comme és voyages de nos Rois en la terre
Saincte, verra ceste mesme forme obser-
uee de tout temps. A quoy tient-il donc
maintenant que nous ne faisons le semblable? Auons-nous perdu le cœur? Nostre courage est-il aneanti, ou nos anciennes coustumes tant louables & tant
bien esprouuees sont-elles du tout abolies? Endurerons-nous que nos Princes
soyent deiettez du lieu qui leur appartient? Que di-ie deiettez? mais oppres-
sez de calomnies, prisonniers entre les
mains d'vne femme en danger de leur
propre vie? L'endurerez-vous, Messieurs
de Paris, heritiers de tant de vrais François qui ont si bien maintenu le droict
de leurs Princes? Que vostre ville serue
de rampart à telle tyrannie? Que la maison ou vous souliez tant honorablemét
loger vos Rois serue d'estroite prison à
leur sang? Attendez-vous qu'vn de ces
matins les estrangers viennét brusler vos
maisons, saccager vos champs, destruire
vos metairies, pour vous contraindre de
mettre ces poures Princes, ce sang de
vos Rois en toute liberté, pensans sous
ombre qu'ils sont dedans vos murailles,
que

que vous teniez la main à telle seruitu-
de? Aurez vous point de honte, que ceux
qui n'y ont aucune obligation, viennent
ouurir les portes de vos prisons pour les
retirer? Ie ne puis croire, que vous ayez
tant oublié le soin de nos Rois, que ne
le voulussiez voir en pleine liberté, & en
l'authorité que nature luy donne, & sa
vertu merite, mais peut estre vous entre
regardez vous, & attendez qui y mettra
la main le premier. Voire: mais que crai-
gnez vous? vne femme: vne estrangere:
vne qui est haye d'vn chacun, vne qui
n'est hardie que par nostre lascheté: en-
treprenante q̃ par nostre fetardise, meur-
triere, que par nos mains propres? Si
nous la laissons, si ceux qui detestent son
gouuernement l'abandonnent, où sont
les sergens pour nous prendre? ses iuges
pour nous condamner? ses bourreaux
pour nous executer? Si ceux qui la delaissent en leur cœur, la delaissent en effet,
où sont les armees pour nous forcer? ses
gardes pour nous espouuanter, ses deniers pour les contenter? Il ne faut que
faire mine de reprendre cœur, toute ceste authorité, toute ceste audace fondee
& entretenue sur nostre endormissemét

& lascheté tōbera d'elle-mesme. Que
pésez vous ie vous prie? Que vous appor-
tera la Regéce de ceste femme? gain ou
dommage?bien ou mal? restablissement
ou ruine, totale? Auons nous desia oublié tous les maux que ce Rōiaume a en-
durez & endure encore par elle? Ou pen
sōs nous que ce nouueau titre là nous ait
amendé en vne nuict? Le clergé voit-il
point comme ses biens sont chargez de
decimes, degastez par les Italiens qu'elle y pourueoit, expolez en vente sous om
bre des guerres ciuiles: mais en effect
pour satisfaire aux despéces inutiles, esquelles elle se plait cōme le Pape Leon
sōn grand oncle. La noblesse cōme elle
s'en va ruinee en ses biens? abolie par
guerres & massacres? despouillee de ses
honneurs & dignitez pour en vestir gēs
indignes & estrangers. Et voit-elle pas à
quoy tédent ces belles propositions d'o-
ster les iustices aux gentils-hōmes, de re
cercher le domaine & les drois de tiers,
& danger d'imposer sur les baptesmes &
mariages & choses semblables, qui fussent pieça conclues & arrestees sans les
Huguenots, contre lesquels elle nous a
voulu pour vn temps, tellement qu'elle-
ment

ment entretenir? Le peuple sent-il point
aussi le faix des tailles & emprūts qu'on
charge sur ses espaules pour bastir des
maisons inutiles? pour enrichir des estrā-
gers de dōs immenses, pour faire d'vn pe
tit belistre de Voudi, vn des plus riches
seigneurs de France? & qui ne sçait, que
tous ces maux ne viennent que d'elle,
qui s'estoit tellement emparee du feu
Roy, par les hōnestes moyens que nous
auons touchez, qu'il ne gouuernoit non
plus q̃ lors qu'il estoit mineur, & sōmes-
nous si abusez, que de penser qu'elle s'a-
mende? vous voyez cōme elle est entree
en ceste regence: elle y est entree par des
sus les murailles, & par la fenestre cōme
le larron, & n'attendons pas aussi qu'elle
face autre chose que nous brigāder. Des
ia voyez-vous cōme elle cōmence. Elle
a si bien amadoué deux ou trois des prin
cipaux du Clergé qu'à l'énuy l'vn de l'au
tre, ils luy ont accordé vne somme exces
siue, qui ne se peut payer sans grandemēt
fouler tous les Ecclesiastiques assez fou-
lez par le passé, cependant c'est le poure
beneficier qui y a interest, le poure Cu-
ré, l'Euesque qui reside simplement
en son dioceze, & non pas monsieur le

Cardinal, l'Euesque ou l'Abbé courtisan qui scait bien ou s'en recompenser, qui en aura vne des premieres abbayes vaccantes, & fait semblant d'estre liberal du sien, pour auoir iuste occasion de l'estre du bien d'autrui. Elle a desia fait mourir vne centaine de gentils-hommes, tant de l'vne que de l'autre religion, & continue encore tant qu'elle peut, au lieu que attendant nostre Roy de Pologne, elle deuoit tenir toutes armes en surseance. Car à qui pensent seruir ceux qui commandent pour son seruice, & ceux qui leur obeissent? Au Roy. Ie ne scay, s'ils se ront point desaduouez quand il viédra, d'auoir mené ses suiets à la boucherie sans son adueu. Ie ne scay, si on leur rede mandera point quelque iour le sang & la vie de mille suiets du Roy qu'ils ont fait mourir d'vne part & d'autre à l'appetit d'vne femme, qui n'a aucune legitime authorité. C'est chose qui s'est veue par le passé, & se pourroit bien encor reuoir en ce cas ici. Mais pourquoy pensez uous que n'agueres elle a fait trencher la teste au Conte de Mongommeri prisonnier de guerre? (car la mort du feu Roy Henri scait on bien qu'on né luy

peut

peut imputer) sinon pour satisfaire à son appetit de vengeáce: & afin que les Huguenots facent pareil traitement aux seigneurs Catholiques, si aucuns leur tombent entre mains? mais que diray-ie sur ce point, qu'elle ait esté si deshontee, si inique, si cruelle, si desnaturee, que de luy auoir fait bailler la gehenne ordinai re & extraordinaire, pour luy faire confesser que Monseigneur le Duc l'auoit fait mettre en campagne, pour tascher de rendre odieux ce poure Prince? Chose toutefois qu'il a protesté sur le point de la mort estre tresfausse, & qu'il n'auoit pris les armes, que pour recouurer ses biens & la liberté de sa religion. Se peut-il excogiter rien de plus meschát? Est-ce pas aussi peu faire de cas de la vie & honneur de son enfant propre, que du moindre Huguenot de France? Et quát au tiers Estat, pour reuenir à nostre propos, voyez-vous pas par quel bout elle commence de vouloir prendre dés son auenement les rentes d'vne maison de ville de Paris? y a-il bonne maison, ie ne dy pas dedans Paris, mais presque par toute la France, qui n'y ait grád interest? Cependant sous ombre de trois ou qua-

tre perſonnes, auſquels elle donnera ſix
fois plus que leur intereſt, qui l'auront
accordé, il faudra que tout le Roiaume
en paſſe par là. Et à quelle fin tout cela?
pour trouuer les moyens de tenir nos
Princes & ſeigneurs en priſon, qui que
les vueille deliurer, pour mettre de bonnes garniſons dedans les Citadelles,
qu'elle a fait baſtir es villes, à fin que de
choſe qu'elle face nul n'oſe plus parler,
pour faire par apres de nos biens & de
nos vies ce que bō luy ſemblera. Bref, elle nous fait payer la corde, dont elle pre-
tend nous pendre ici apres. N'attendons
dōc autre choſe d'elle que mal ſur mal,
& ruine ſur ruine : iamais ne fit & ne fera autremēt. Tandis qu'elle aura part
au maniement des affaires, ores meſmes
que noſtre Roy que nous attendons de
Pologne vint des demain, nous n'au-
rons que mal. Le bouchon ſera chan-
gé, mais ce ſera touſiours du meſme vin:
car elle ſcaura touſiours (qui n'y pren-
dra garde de bien pres) abuſer de ſa facilité & vſurper ſon authorité pour l'employer à ſa façon accouſtumee. C'eſt le
naturel de ceſte femme, de ne pouuoir
repoſer ſans faire mal. Et ie puis dire
plus,

plus, car iamais femme qui ait gouuerné noſtre Roiaume, n'y apporta que
mal-heur. Ie ne veux point parler des
vices monſtrueux de celle-cy ny des autres: celle-cy ſeule auroit beſoin d'vn
volume à parr. Ie ne parle que du gouuernement. Fredegunde, Brunehault, *Pernicie-*
ux gou-
Plectinde , Iudith allumerent & en- *uernemēt*
des fem-
tretiendrent les guerres ciuiles en ce *mes en*
France.
Roiaume, tant qu'elles veſcurent, pour
ſe deffaire de la nobleſſe, & mirent en
ialouſie le pere, du fils, le frere du frere
pour s'ētretenir parmi la diſcorde. Blan- *Annales*
de France
che ayant occupé la tutelle du Roy S. *Otto. Fri-*
ſing lu
Loys, à l'aage d'vnze à douze ans, pour *Chro. Ai-*
mei. con-
empeſcher que les Eſtats ne luy oſtaſ- *tinū lib.5.*
le ſire de
ſent le gouuernement, mit en guerre les *Ionuille.*
Catholiques contre les Albigeois decla
rez Heretiques par ſentence du Pape:
& fut-on tout esbahy puis apres, que
tous les grans du Roiaume eſtoient Albigeois, ou s'entendoient auec les Albigeois, ainſi qu'elle leur vouloit faire
croire. De fait ſous ce pretexte, elle
ſe depeſcha d'eux , & comme le Roy
ſon fils vint à eſtre grand , apres l'auoir
tenu en grande rigueur trouua moyen

pour demeurer touſiours ſeule au gouuernement, de l'enuoyer à la conqueſte
de la terre ſainɕte. C'eſt la leçon que
noſtre Roine a appris d'elle, ainſi qu'on
void auiourdhuy. Elle nous voudroit
faire à croire que nous ſommes tous Hu
guenots : & auſſi ſcait-elle bien dire,
qu'elle la choiſie pour exemple en ſa façon de gouuernement. Si les Eſtats de
ce Roiaume n'euſſent remedié d'heure
à l'audace effrenee d'Iſabeau de Bauie-
re, femme de Charles ſixieme,& ne l'euſ
ſent renuoyee faire des iardins à Tours,
elle n'euſt pas degeneré du naturel des
autres comme elle monſtroit en ſes com
mencemens. Madame de Beauieu, luy
eſtant par les Eſtats de Tours recōman-
dé le ſoin de la perſonne du Roy Charles 8. ſon frere, voulut auancer ſa main
iuſques au gouuernement, & entra en
telle ialouzie contre le Duc d'Orleans,
qu'elle le voulut faire prendre, dont il
entra en tel deſeſpoir, qu'il s'enfuit là où
il peut, C'eſt celuy qui depuis fut Loys
douxieme, ſurnommé Pere du peuple,
vn des meilleurs princes qui fut onc, auquel dés lors tous les grans du Roiaume
defferoient la Regence. Et de fraiſche
memoi-

memoire ie dy, du temps de Frāçois pre
mier qui laiſſa pendant ſon voyage d'Ita
lie madame Loyſe de Sauoye ſa mere
Regente, fut-elle pas cauſe de la perte
de la Duché de Milan, acquiſe au ſang
de tant de François, quand elle ſe fit
bailler par Semblançay (qui pour ce fut
executé à mort) les quatre cens mille e-
ſcus que le Roy enuoyoit à monſieur
de l'Autrec, dont ſon armee s'eſtant deſ-
bandee par faute de payement, fut contraint de tout abandonner? Or comme
ainſi ſoit, que Brunehaut au iugement
de tous, ſemble auoir emporté le prix
de meſchanceté entre toutes, & que nos
Hiſtoriens parlans de ceſte mal-heureu-
ſe Fredegonde, l'appellent la malicieuſe
du monde apres Brunehault: il ſemble à
conſiderer les actions de ceſte-cy, qu'elle n'ait eu autre but toute ſa vie que
d'en emporter le prix par deſſus elle, cōme il ſera aiſé à voir à qui ſera comparai-
ſon des actions de l'vne auec celles de
l'autre.

Brunehault eſtoit Eſpagnole de na-
tion, Catherine eſt Italiene & Florenti-
ne, toutes deux eſtrangeres, qui n'ont
point de naturelle affection enuers le

k.j.

Voyez de
poinct en
poinct la
vie de Bru
nehault
en nos An
nales.

Roiaume. Or l'Italien trompe l'Espagnol, & le Florentin tout autre Italien.
Ceste-la estoit fille d'Achanage de Roy
d'Espagne, dont elle deuoit par raison
aimer les grans, ceste-cy est fille de Lau
rens de Medicis d'vne maison de mar-
chans accreuë par vsures, qui ne peut aimer la noblesse, & n'a iamais tasché
qu'a l'exterminer. Vne Sibille, dit nostre
histoire, prophetiza qu'vne brune vien-
droit d'Espagne, qui feroit mourir Rois
& Princes, & feroit finalement deschi-
ree par des cheuaux. Vous auez veu les
belles predictions qui furent faites de
ceste-cy des sa natiuité, qu'elle ruineroit
notammēt le lieu ou elle seroit mariee,
& les diuers conseils qui furent donnez
lā dessus. Celle là estoit fille d'vn Arrien,
nourrie & instruite en Arrianisme. Ceste-cy de race Atheiste nourrie en A-
theisme, a rempli ce Roiaume, & singu-
lierement la Court d'Atheistes. Or vaut-
il trop mieux errer en vne religion que
n'en auoir du tout point, & faillir en vn
article qu'en toute la foy. Celle-là fut
mariée à Sigisbert Roy de Metz par le
conseil de Godonne Maire du Palais,
qui l'alla querir iusques en Espagne, &
luy

luy fit tout l'honneur qu'il peut, dont
pour recōpense elle le fit mourir puis a-
pres. Ceste-cy mariee au bon Roy Hēry
lors Duc d'Orleans a tousiours hay tous
ceux qui luy ont fait du bien. Elle n'a peu
endurer patiemment en vie M. le Connestable, principal autheur de son maria
ge & de tout l'honneur qu'elle eut onc,
qui l'alla honorablement receuoir iusques au bout du Roiaume. A fait empoi
sonner le Cardinal de Chastillō, qui pres
ques seul tint la main à ce qu'elle ne fust
renuoyee en Italie, & luy sauua la vie en
sa maladie de Reims en Champaigne:
& finalement à fait massacrer l'Amiral,
qui porta la parole aux Estats pour les
faire cōdescendre à luy accorder le gouuernement. Celle-la la voyant que son fils
Childebert, apres la mort de son pere,
s'apperceuoit de ses pernicieux cōseils,
l'empoisonna en vn bain pour gouuerner le Roiaume, sous pretexte de l'en-
fance de Theodebert & Theodoric fils
dudit Childebert son fils, desquels l'vn
fut Roy de Metz & d'Australie & l'autre d'Orleans. Ceste-cy, sur ses premieres annees fit empoisonner Monseigneur Frāçois le Dauphin frere du Roy
k.ij.

Henry fon mari, & aifné pour eftre plus
proche de la couronne, mena le feu Roy
de Nauarre à la boucherie, d'autant que
le gouuernement de ce Roiaume legitimement luy appartenoit: & pour n'entrer en prefomptions que ie pourroy' alleguer de la mort du Roy dernier mort,
tient auiourdhuy tout ouuertemét Mon
feigneur le Duc fon fils & le Roy de Nauarre fon gendre prifonniers, pour plus
facilement occuper la Regence : & ne
fcay s'ils fuffent point defia morts de
quelques trenchees, fi le Prince de Con
dé qu'elle ne veut pas approcher fi pres
de la fucceffion, ne fe fuft fauué de fes
mains.

Brunehault aimoit pour fes plus priuez feruices vn Proclaide Romain ou
Lombard, homme de baffe condition
& de nulle valeur, lequel elle honoroit
des pricipaux eftats du Roiaume deubs
de tout droit à la nobleffe, & enrichif-
foit des tailles & exactions qu'elle mettoit fur le peuple, tellement que de petit coquin, elle le fit Duc d'vn Duché,
qu'elle acheta à beaux deniers contens.
Cefte cy aime pour mefmes caufes, vn
Gondi Florentin, iffu de race de Mar-
rans,

rans, fils d'vn banquier, qui fit deux fois
banqueroutte à Lyon, & d'vne premierement courtifanne, & fur fa vieilleffe
maquerelle en la mefme ville de Lyon.
On la veu fuiure la mule d'vn threforier,
depuis clerc d'vn commiffaire de viures au camp d'Amiens, peu apres maiftre de la garderobe du Roy, & ores le
voit-on, fans auoir fait aucun bon ferui-
ce au Roiaume, Conte de Rhetz, & prefque feul Marefchal de France.

Brunehault ne fe gouuernoit que par
fon Proclaide, & ne le pouuoit faire affez grand à fon gré: mais craignoit-elle
toufiours, que les grans du Roiaume ne
s'y oppofaffent, pourtant fait-elle de-
pefcher Ratmus & Egila gràs feigneurs,
& attaque la guerre entre Theodoric
Roy d'Orleans, qu'elle gouuernoit à
fa pofte, & Clothaire Roy de Paris, expres, dit noftre hiftoire, pour s'y deffaire des grans, & nommemét de Ber-
thonault Maire du Palais de Paris, vieux
& fage cheualier, qui fut tué en vne bataille qu'elle fit donner fur la riuiere
d'Eftampes, dont apres fa mort, elle fit
fon Proclaide Maire du Palais.

Cefte-cy pour gouuerner tout auec
k.iij.

son Gondi, craignant que les grans de
ce Roiaume ne s'opposassent à cest ex-
cessif auancement, qui n'est fondé que
sur la passion desmesuree d'vne femme, allume vne guerre ciuile en ce Royaume, met les freres & voisins les vns
contre les autres, & tant fait, qu'en peu
de temps, elle se deffait du Roy de Nauarre premier Prince du sang, maieur
d'ans, d'Anne de Mommorenci Connestable, du duc de Guise grand maistre, tous Pairs de France, du Mareschal
de S. André & infinis autres seigneurs,
qui par poison, & qui par guerre, tant
que ce petit belistre demeure tout seul
au pres d'elle à faire tout ce qui luy
plaist.

Theodebert Roy de Metz, estoit au
commencement le bon fils de Brunehault, le mieux aimé, auquel elle faisoit
meilleure part des thresors de feu son
pere : mais en peu de temps il s'apper-
ceut de ses desseins & la chassa de son
Roiaume, dont elle fut contrainte se
retirer auec son Proclaide vers Theodoric Roy d'Orleans son autre arriere
fils, duquel elle le fit Maire du Palais.
Les Huguenots comme vous auez veu,
estoient

estoient au comencement les bons sub-
iects du Roy, les fauorisez de ceste bonne dame, les mieux venus. Ils s'apper-
çoiuent de ses fraudes, & ne veulent
plus auoir à faire auec elle, dont elle se
met à faire du tout la Catholique, &
nous gouuerne par le conseil de son
Gondi, ainsi comme il luy plaist. Proclaide ne peut oublier son naturel, il
charge le peuple de tailles & d'impost,
& abbaisse les Princes & seigneurs du
Roiaume de Theodoric en toutes sortes, dont il acquiert la haine d'vn chacun. Gondi introduit tous les iours mille
inuentions de fouler le peuple, met toutes les aides de France entre les mains
des peagers & gabelliers d'Italie, partit
ce Roiaume entre ses semblables, & est
en fin si presomptueux par se voir sup-
porté de ceste femme qui hait les Princes du sang à mort, qu'il leur veut commander à baguette & en faire ses valets.
Qu'en aduient-il ? Les Princes & Seigneurs du Roiaume d'Orleans, qui con-
tenoit presque vn tiers de la France,
commencent à s'en ennuyer & à penser
à eux.

Brunehault, pour diuertir leurs pen-

k.iiij.

fees, les empefcher ailleurs, & fe depe-
fcher toufiours de quelqu'vn d'eux, par
le confeil de Proclaide, met la guerre
entre fes deux arriere fils, Theodebert
& Theodoric, faifant à croire au poure
Theodoric (que lors elle gouuernoit)
que Theodebert, qui auoit efté fon bon
fils, eftoit baftard & fils d'vne concubine. Defia commençoient les Princes
& grans feigneurs de ce Roiaume à s'ap-
perceuoir qu'on leur en vouloit, & craignoit fort noftre bonne Royne qu'ils
ne fe reuniffent enfemble, pour ruiner
la grandeur que Gondi cerchoit en leur
abaiffement, & pourtant les falloit-il
mettre en befongne, à fin qu'ils n'euf-
fent loifir d'y penfer. Donc, elle fait
à croire à nous autres Catholiques (qui
la croyons à noftre grand dommage)
que les Huguenots (qui parauant e-
ftoient fes mieux aimez) ne font pas fi-
deles fuiets du Roy, qu'ils font rebel-
les, qu'il les faut chaffer de la maifon
comme baftars & illegitimes, tellement que par cefte fubtilité, la guerre
fe renouuelle, & nous tuons nos freres, parens & amis, & mourons nouf-
mefmes.

Apres

Apres beaucoup de fang refpandu à
l'appetit de Brunehaut, les Seigneurs du
Royaume d'Orleans, ou elle comman-
doit fous le nom de Theodoric fon fils
retournent à leur premiere opinion, &
confeillent au Roy de traitter la Paix a-
uec fon frere, lui remonftrant l'iniuftice
de la guerre, & l'intention pour laquelle proprement on la lui mettoit en tefte.
Le Roy y eft affez enclin: mais elle qui a
tout pouuoir n'y veut entendre, & Proclaide fe bande à l'encontre, comme e-
ftant la Paix & concorde des deux freres capitale ennemie de fa grádeur, que
par leur feule difcorde il pouuoit entretenir. En fin voyans iceux qu'vn fi bon
confeil eftoit retardé par lui feul le vont
tuer d'vn commun accord dedans fa té-
te, & font tant par remonftráces enuers
le Roy Theodoric qu'il s'accorde auec
fon frere. Les principaux Seigneurs de
ce Roiaume ayans veu le peu de conte
qu'on faifoit de hazarder leurs vies, que
on fe moquoit d'eux quand ils eftoyent
morts és guerres ciuiles, que mefines on
les auoit voulu maffacrer pefle-mefle a-
uec les Huguenots, eftoyent pour la pluf
part bien refolus de s'employer à l'efta-

bliſſement de la Paix publique, & ne ré-
trer iamais és guerres ciuiles par leſquel
les on pretendoit auoir le bout d'eux:
mais, ou qu'ils euſſent perdu vne partie
de ceſte magnanimité Françoiſe, ou que
par plus douce voye ils eſperaſſent reme
dier à telles malheurtez, ils n'entreptirét
onc ſi auant que de tuer ce petit galand,
encor qu'ils le cognuſſent eſtre principal conſeiller des guerres ciuiles, deſlo-
yautez, trahiſons & maſſacres dont on
vſoit pour les exterminer. Brunehaut
femme d'eſprit inquieté, ſe veut venger
à quelque prix que ce ſoit de la mort de
ſon ami, & en pourſuit les principaux au
theurs Vtile & Bolſus iuſques à la mort.
Ceſte vengeance ſe pourroit aucunement ſupporter, d'autant qu'on auoit
tué celuy qu'elle aimoit tant : mais non
contéte de cela, elle r'attache derechef
la guerre entre ſes arriere fils, entre ces
deux freres & leurs Royaumes de Mets
& d'Orleans, & trouue moyen de remettre en la teſte de Theodoric Roy
d'Orleans qu'elle poſſedoit ceſte vieille
calomnie, que ſon frere Theodebert e-
ſtoit baſtard & fils d'vne concubine.
Voyez combien en ce poinct noſtre Catherine

therine eſt beaucoup pire. Elle a fait tuer
& maſſacrer par milliers nos poures freres, ſous ombre du mariage de ſa fille
propre. I'entens infinis gentils-hommes,
Huguenots & pluſieurs autres de toutes
qualitez, y a voulu peſle-meſle maſſacrer
les principaux d'entre nous, Meſſieurs
de Mommorenci, le Mareſchal de Coſſé & autres, a voulu ſous ce pretexte chaſſer meſſieurs de Guiſe de la Court, diſant qu'ils en eſtoyent autheurs. Nous
auons tout enduré patiemmét, nous ne
les troublons en rien, ni elle ni ſon Pro-
claido: ne demandons que de viure en
repos. Et voila, parce que nous ne voulons plus tremper noſtre couſteau auec
elle au ſang de nos freres, elle nous pour
ſuit à mort, autant cóme elle les a par ci
deuát pourſuyuis, nous dreſſe mille em-
buſcades, nous appointe mille aſſaſſins,
& encor a-elle apres tant de meſchancetez, tant de credit à l'endroit d'aucuns de
nous, ie ne ſcay par quel malheureux deſtin, qu'elle nous a fait remetre en armés
les vns côtre les autres, ſous meſme pretexte que deuant, ſous ombre de religió,
elle qui n'en a point & n'en euſt onc. Et
quelle ſera la fin de tout ceci, ſi Dieu ne

nous rend bien tost le cœur & l'enten-
dement? Auant que le ieu se departe
Theodoric Roy d'Orleãs chasse son frere Theodebert Roy de Mets hors du
Roiaume, comme bastard qu'elle lui dit
qu'il est, taille presque en pieces toute la
noblesse de son parti, le renferme dedãs
Colongne, n'en part point qu'il n'en ait
la teste, & en ramene les fils à Brunehaut
qui les faict tuer. A peine a-il faict ceci
qu'il s'en repent, & en sent vn merueil-
leux remors en sa conscience. Aduient
qu'il lui vient enuie d'espouser la fille de
son feu frere qui estoit demeuree vni-
que, & pense que ce mariage lui soit licite d'autant qu'il le tenoit, dit l'histoire,
pour bastard. Brunehaut qui s'estoit ser-
uie de ce pretexte pour vn temps, pour
les faire entretuer, & l'auoit parauant
fourni de concubines pour lui faire laisser sa premiere femme, entre en doute,
qu'il ne prenne ceste-ci en affectiõ, qui
la chasse puis apres du gouuernement.
Donc elle lui dit qu'il ne le pouuoit faire en saine conscience, d'autant que c'e-
stoit la fille de son frere. Ici apperçoit-il,
mais trop tard, la meschanceté de ceste
femme. Ah donc malheureuse, dit-il, tu
m'as

m'as faict tuer mon frere, tu m'as faict
exterminer sa race, & me disois parauãt
qu'il ne m'estoit rien. Peu seruit à ce poure Prince d'en estre entré en colere. Elle peu de iours apres lui verse du poison,
dont il mourut. Ia auons-nous assez tué
de nos freres à l'instigation de ceste-ci,
il n'en est tantost plus: nous les auons sa-
crifié à Brunehaut par milliers, & tous
les iours encor y en a-il d'entre nous qui
lui en amenent pour les tuer. Ia deuons-
nous tous cognoistre euidemment, que
ce qu'elle nous dit qu'ils sont bastards,
qu'ils ne sont pas bons suiets de la Couronne, est faux & controuué expres pour
nous faire entretuer. Ia mesmes com-
mençons nous pour la pluspart (graces à
Dieu) à sentir vn remors de conscience
des meurtres, cruautez & massacres que
nous auons tolerez, & ausquels aucuns
de nous ont presté la main. Ia aussi, puis
que nous ne les pouuons ressusciter, cõ-
mençons-nous pour le moins à aimer &
conseruer ce peu qui en reste. Mais que
faict aussi nostre Brunehaut en cest endroit? La voyez-vous pas qui verse le poison à son autre fils? La voyez-vous pas tirer le cousteau pour nous esgorger? Qui

sont les gentils-hommes Catholiques
qu'elle fait mourir tous les iours? Qui
sont messieurs de Mommorenci, M. le
Mareschal de Cossé, & autres Seigneurs
Catholiques, qu'elle pourchasse à mort?
sinon les principaux d'entre nous qu'elle veut faire mourir pour nous exterminer tous par apres? Voyez-vous pas que
autant lui est le legitime que le bastard?
le Catholique que le Huguenot? qu'elle
n'en aime ne l'vn ne l'autre, qu'elle a faic
semblant d'aimer l'vn tant qu'il ait eu
rué son frere & puis le faict mourir apres?
Et pourquoy? A celle fin qu'elle gouuer
ne seule à son appetit: ce qu'elle ne pourroit, d'autant que nous cognoissons tous
sa mauuaise intention. Or Brunehaut
s'est desfaicte de ses deux arriere fils,
donnant à entendre à l'vn que son frere estoit bastard. La noblesse des deux
Royaumes est pour la pluspart esteinte:
maintenant au lieu qu'elle se seruoit du
pretexte de bastardise pour les entre-
ruiner, elle mesme veut gouuerner les
Royaumes, comme tutrice des bastards
de Theodoric son fils, qu'elle a empoisonné, & en veut forclorre Clothaire
Roy de Paris proche heritier, auquel ces
Royau-

Royaumes de droict appartiennent. Or
sçait-elle bien que les Seigneurs du pais
s'efforceront de garder le droict à qui il
appartient, qu'vn Garnier maistre du Pa
lais n'endurera iamais que la Regence si
illegitimement vsurpee luy en demeure. Donc elle faict semblant de l'employer aux affaires du Royaume, & cependant escrit à vn de ses partizans nommé Albon, qu'il ait à le tuer. Dieu veut
qu'Albon deschire les lettres de Brunehaut apres les auoir leües, & que les pieces en sont ramassees & apportees à Gar
nier qui se sauue du mieux qu'il peut,
& aide à Clothaire legitime heritier, à
prendre la possession des Royaumes qui
luy appartiennent. Que faict nostre Catherine? voyez comme-elle ensuit traict
à traict ce patron & exemplaire de toute
meschanceté. Mais plustost voyez co..me
elle le surmonte en toutes ses parties. Le Roy son fils est sur le poinct de
mourir. Le Roy de Pologne ne semble pouuoir venir si tost, tant pour sa maladie, que pour la longueur du chemin.
Elle ne veut aucunement quitter le gouuernement, ains par quelque illegiti-
mé voye que ce soit le veut-elle auoit

en ses mains. D'assembler les Estats pour
y pouruoir, elle scait bien qu'ils ont trop
mauuaise opinion d'elle, & que selon le
droict ils donneroyent le gouuernemét
à Monseigneur le Duc comme plus proche du sang, & le Lieutenant general du
feu Roy. Donc l'ayant cauteleusement
diffamé & rendu odieux par ses calomnies, elle le met prisonnier, & auec lui le
Roy de Nauarre, & tasche d'attrapper pa
reillement le Prince de Condé. Et par ce
qu'elle scait bien que les principaux Officiers de la Couronne ne peuuent ap-
prouuer en leur cœur ses trop malheu-
reuses actions, & se doute qu'ils tasche-
royent de deliurer leurs Princes d'entre
ses mains, elle máde aux sieurs de Ioyeu-
se, Maugeron & Fourquenaux, qu'ils a-
yent à se saisir de M. le Mareschal de Dāuille, mort ou vif, pendant qu'elle l'em-
ploye à la pacification de son gouuernement. Sur le poinct qu'ils le doiuét faire,
se saisit de Messieurs de Mommoréci &
de Cossé: & pour les rendre odieux, don
ne à entendre qu'ils ont cōspiré. Dieu a
voulu que l'entreprise faicte contre le
Mareschal de Damuille a esté descouuer
te assez à téps, & ne permettra point (s'il
luy

luy plaist qu'elle execute sa meschante
volōté sur les autres. Mais quelle est aussi la fin de Brunehaut apres tant de cruautez, de trahisons, de parricides, d'im-
pietez? Clothaire en d'espit d'elle vient
à la Courōne, tous les Estats (par maniere de dire) le portent sur leurs espaules
iusques au throsne. Le proces de Brunehaut se faict publiquement en l'assemblee des Estats: & finalement par le com
mun consentemét de tous, chacun pro-
nonçant tout hautement la sentéce que
de long temps luy donnoit en son cœur.
Elle est traisnee à la quëüe d'vn cheual,
tant qu'elle en finit sa meschāte vie, des-
chiree par pieces. Ie say iuge maintenāt
vn chacun, quelle sentence merite ceste-ci, qui a faict en vn seul iour plus mas
sacrer de personnes, femmes & enfans,
que Brunehaut ne fit mourir d'hommes
en toutes ses guerres. Ie m'asseure qu'il
n'y a celui qui en son cœur ne la luy don
ne plus rigoureuse, encor que celle là.
Mais ie proteste que ie ne requier point
de vengeance d'autre que de Dieu à qui
seul elle appartient, qui la scaura bien
chastier en son temps des maux qu'elle
a faict & au public, & à chacun de nous.

L.j.

Lightning Source UK Ltd.
Milton Keynes UK
UKOW07f2322180416

272528UK00006B/36/P